십중팔구 한국에만 있는!

십중팔구 한국에만 있는!

2008년 5월 6일 초판 1쇄 발행
2017년 4월 10일 초판 10쇄 발행
2018년 11월 15일 개정판 1쇄 발행

펴낸곳 (주)도서출판 **삼인**

지은이 오창익
펴낸이 신길순

등록 1996.9.16. 제25100-2012-000046호
주소 03716 서울시 서대문구 연희로 5길 82 (연희동, 2층)
전화 (02) 322-1845
팩스 (02) 322-1846
전자우편 saminbooks@naver.com

표지디자인 (주)끄레어소시에이츠
제판 문형사
인쇄 수이북스
제책 은정제책

© 오창익, 2008
일러스트 © 조승연, 2008

ISBN 978-89-6436-149-8 03300

값 14,000원

인권 운동가 오창익의 거침없는 한국 사회 리포트

십중팔구

한국에만

있는!

삼인

이 책은 다른 나라에서는 아예 없거나 찾아보기 힘들지만, 한국에서는 흔히 볼 수 있는 독특한 풍경에 대한 보고서입니다. 이 책을 통해 한국만의 풍경을 살펴보면서 우리가 어떤 모습으로 살고 있는지 확인해 보고 싶었습니다. 2008년에 〈십중팔구 한국에만 있는!〉을 쓴 까닭입니다. 이 책이 나온지 10년이 되었습니다. 그동안 한국 사회는 '다이내믹 코리아' 답게 엄청난 변화를 겪었습니다. 2008년은 노무현 정권이 끝나고 이명박 정권이 막 출범했을 때였습니다. 김대중, 노무현 정권의 성취가 적지 않았음에도 한국 사회는 여러 문제를 안고 있었고, 심지어 어떤 문제는 고질적이기까지 했습니다. 그래서 조금씩이라도 앞으로 나아가야 했지만, 이명박, 박근혜 정권 9년을 겪으며 뒷걸음질만 반복했습니다.

9년 동안의 퇴행은 촛불혁명으로 단박에 뒤집히는 것처럼 보였습니다. 정권교체에는 성공했지만, 우리에게는 여전히 많은 숙제가 남아 있습니다. 1961년 박정희 군사쿠데타, 아니면 1910년부터 우리 내부 저 깊숙한 곳에 마치 똬리를 튼 듯 자리잡고 있는 전체주의적 문화는 여전하기만 합니다. 그래서 한국 사회의 단면을 보자는 취지에서 글을 쓴 지 10년이 지났는데도, 이 책을 절판시키지 않고 개정판으로 다시 내자는 삼인출판사의 제안을 덥석 받아들였던 것입니다.

물론, 크고 작은 변화도 있었습니다. 전투경찰은 점차 줄다 2023년에는 완전히 사라질 예정이고, 언제나 친절을 강요받던 고속도로 톨게이트 계산원도 하이패스 때문에 부쩍 줄었습니다. 남영동 대공분실(지금은 보안분실)만 폐쇄되었고, 나머지 43개 보안분실은 요지부동이었습니다만, 문재인 정권 출범 이후, 경찰개혁위원회 논의를 거쳐 남아 있던 보안분실을 모두 폐쇄하는 작업이 시작되었습니다. 우리 사회에 여군 문제에 대한 고민을 던져주었던 피우진 중령은 길고 지루한 재판을 거치기는 했지만, 복직에 성공했고 문재인 정권의 첫 번째 국가보훈처 장관이 되기도 했습니다. 감탄이 나올 정도로 엄청난 변화였습니다.

그렇지만 이 책에 쓴 65개의 이야기 중에서 변한 것은 별로 없습니다. 전직 대통령이 달랑 29만 원밖에 없다고 버티는 추잡한 상황에 더해, 다른 전직 대통령은 자기 회사를 남의 것이라 강변하면서 구치소에 갇히는 신세가 되었습니다. 보통 감옥에 갇히는 사람들은 남의 것을 자기 것이라 우기는 경우가 많은데, 그 전직 대통령은 거꾸로였습니다.

지난 10년 동안 세상이 별로 바뀌지 않았다는 것은 기성세대로서 정말이지 치열한 반성이 필요한 대목입니다. 이명박, 박근혜라는 시대착오적 인물들이 대통령으로 버티고 있었기 때문이라지만, 그것도 그냥 변명일지 모릅니다. 이명박 정권이나 박근혜 정권을 허용한 것도 모두 기성세대의 책임이니까요.

빠르게 변화하는 한국 사회에서 사회 분야 관련 책을 십년 만에 개정판으로 다시 내는 것은 저자로서 엄청난 행운입니다. 아직도 독자들이 꾸준히 찾아주고 계시기 때문입니다.

저는 사회에 첫발을 내딛던 1992년부터 지금까지 줄곧 인권운동가로만 살아왔습니다. 이 책의 첫 번째 머리글에서도 밝혔던 것처럼, 이 책은 인권운동가의 시각으로 쓴 것이고, 또한 일정한 편향을 띠고 있기도 합니다. 인권의 원칙이 살아 있는 원리로 작동하지 않고 있는 한국 사회에서 인권운동가의 시각과 원칙은 하나의 편향일 수 있습니다. 그 편향을 애써 숨길 생각은 없습니다. 다만, 일종의 거울처럼, 스스로를 돌아볼 수 있는 하나의 계기가 되었으면 하는 마음만 간절할 뿐입니다.

이 책을 내기까지 고마웠던 분들이 있습니다. 이미 돌아가신 아버지와 장인어른, 그리고 늘 곁을 지켜주시는 어머니와 장모님, 그리고 평생 동지이자 선생으로서 저의 든든한 버팀목이 되어 주는 아내 민선, 어디든 내놓고 자랑하고픈 아들 민석과 딸 서령. 역시 운동가에게는 가족이 힘의 원천인 것 같습니다. 가족이 아니었다면 여태껏 버티지도, 나름의 역할을 할 수도 없었을 겁니다.

함께 인권운동을 하는 동료들, 십년 넘게 〈십중팔구 한국에만 있는!〉
을 꾸준히 펴낸 삼인출판사 홍승권 선생님께도 깊은 감사를 드립니다.
꾸준하게 이 책을 찾아주신 독자들께도 감사드립니다.

| 요람에서 무덤까지 돈 봉투를! |

| 무노조 왕국, 그 주인은 황제 |

일러두기

■ 이 책에 소개된 각종 통계들은 정부 통계와 언론에 보도된 내용, 서적 등에서 인용하였고, 인터넷 포털사이트 검색을 통해 얻은 정보도 있음을 밝힌다.

■ 이 책에서 인용한 성경 구절은 《공동번역성서》를 기준으로 삼았다.

당신이 사는 곳이 당신을 말해 줍니다

불우이웃이 된 전직 대통령

영화 〈화려한 휴가〉에서 그는 장막 저 뒤에 숨어 있다. 광주 학살의 배후가 '전 장군'이라고 짐작만 할 수 있을 뿐이다. 전두환, 그는 1979년 10월부터 1988년 2월까지 한국의 모든 권력을 장악했다.

1979년 독재자 박정희가 부하의 총을 맞고 18년 철권통치를 술자리에서 마감한 이후, 그는 권력의 공백을 차곡차곡 메워 나갔다. 집요한 권력욕으로 1979년 12월 12일 쿠데타를 감행했고, 집권의 정당성을 확보하기 위해 죄 없는 광주 시민을 무참히 살육했다. 그리고 그토록 원하던 대통령의 자리에 올랐다. 그가 집권하던 시기는 참으로 무서운 시절이었다. 입도 벙긋할 수 없었다. 그는 절대 권력이었다. 왕 같은 대통령이었다.

그가 권좌에서 물러난 뒤 한참이 지나자, 그가 모아 두었다는 '비자금^{秘資金}'의 실체가 드러나기 시작했다. 정확한 액수가 밝혀지진 않았지만, 1995년 기준으로 대체로 1조 원 가까운 돈을 갖고 있다는 것이 정설이었다. 기업에게 각종 이권을 챙겨 준 대가로 받거나, 불이익을 당할 것을 두려워한 기업인들이 알아서 가져다 바친 돈이었다. 재임 기간 동안에도 씀씀이가 큰 것으로 유명했는데, 쓰고 남은 돈이 그 정도였다.

전직 대통령 전두환. 그는 자신이 가진 총 재산이 29만 원뿐이라고 밝혔다. 통장 잔고 29만 원이 재산의 전부란다. 그냥 친구들에게 웃자고 한 말이 아니라, 법원에 출석해서 근엄한 표정으로 한 말이다.

세계 11위의 무역 대국 한국, 11위란 순위도 유럽연합^{EU} 27개 회원국 간의 교역을 제외하면, 당당한 세계 6위에 해당한다. 이런 나라에서 8년 넘게 절대 권력자로 기세등등했던 그가 달랑 29만 원을 가진 극빈자란다. 물론 그의 재산 29만 원 어쩌고 하는 소리는 2,205억 원의 추징금을 피하기 위한 뻔한 거짓말에 불과하다.

그런데 여기서 한 가지 질문. 전두환이 떳떳이 밝힌 29만 원이라는 액수에 많은 사람들이 충격과 분노를 느꼈던 한편, 왜 하필 29만 원이냐는 난상토론이 온 나라의 술판에서 벌어졌다. 30만 원도 아니고 왜 29만 원일까. 29,900원 혹은 99,900원 따위의 가격을 매기는 홈쇼핑을 너무 많이 보신 탓일까? 아무튼, 이에 대한 각종 추측과 해석이 난무한 가운데 29라는 숫자는 통계학자도 논리학자도 아닌, 전직 군인이자 전직 대통령에 의해 온 국민의 뇌리에 깊게 새겨졌다.

전 재산 29만 원을 입증이라도 하려는 듯, 부인 명의로 되어 있는 집에 살고 있는 전두환은 그렇다 치고, 자식들은 어떨까.

큰 아들 전재국은 우리나라에 '석사장교' 제도를 도입하게 한 장본인이기도 하다. 이 제도는 전재국(78학번)부터 시작해서 노태우 전 대통령의 아들 노재헌(83학번)에서 끝났는데, 대학원을 마치고 석사 학위를 취득한 사람이 간단한 시험만 치르면 군 생활을 6개월만 하도록 하는 제도였다. 넉 달 동안 훈련받는 것을 빼면 달랑 두 달만 근무하면 된다. 군인들이 국회의원과 장관은 물론 대통령까지 하는 시절에 막상 자기 자식들을 군에서 빼자니 좀 그랬던지, 이런 이상한 제도를 만들었다.

이야기가 옆길로 새나갔지만, 전재국은 국내 굴지의 유명 출판사인 시공사를 경영하고 있다. 잘 나가는 외국 서적을 싹쓸이하다시피 하며 꾸준히 베스트셀러를 내고 있는 출판사이다. 시공사는 가장 많은 종수의 책을 내는 출판사로도 유명하고, 《매디슨 카운티의 다리》는 하루에 1만 권이 판매되는 초유의 기록을 세우기도 했다. 단행본, 만화, 어린이, 잡지, 예술, 학술총서 등 분야를 가리지 않는 성장을 거듭하고 있다.

유명 탤런트와 결혼해 세간에 화제를 뿌린 둘째 전재용에 대해선 알려진 것이 별로 없지만, 그가 사는 강남구 삼성동의 72평형 아파트는 시가 36억 원짜리다. 돌이 갓 지난 애와 부부만 사는데도 방 5개, 욕실 3개, 드레스 룸 2개가 갖춰져 있다. 빌려 쓰는 고급 세단의 월 사용료만 300만 원이 넘는다.

셋째 아들 전재만은 미국 유학 중인데, 전 재산이 29만 원뿐인 아버지가 아직도 공부 중인 학생의 그 많은 유학 비용을 어떻게 대줬는지 모르겠다.

　요즘도 그는 왕 같은 대통령 행세를 하고 다닌다. 나들이를 할 때는 경찰이 교통 통제를 해주어 현직 대통령과 똑같은 호사를 누린다. 부인과 골프를 치고는 기분 좋다고 수백만 원짜리 나무로 기념식수를 하기도 하고, 골프장에 갈 때는 왕년에 그랬던 것처럼 사람들을 몰고 다닌다. 잦은 해외여행 비용은 또 어디서 난 것일까.

　전두환의 뻔한 거짓말이 들통 나는 경우가 가끔 있는데, 2006년 재정경제부 산하 금융정보분석원에서는 둘째 전재용과 그의 아들 계좌에서 41억 원의 뭉칫돈을 발견했다. 아직 밝혀지지 않은 재산의 규모가 얼마인지는 누구도 알지 못한다.

　전두환으로 하여금 뻔한 거짓말을 하도록 한 배짱은 77세가 넘은 나이에도 특수 훈련을 받았기에 아프가니스탄 피랍자들을 대신해 인질이 되고 싶다고 너스레를 떨 만큼 타고난 천성 탓도 있겠지만, 아직도 전두환 시절을 그리워하는 일부 철없는 사람들의 부화뇌동에서 온 것이기도 하다. 전 씨가 태어난 경남 합천의 군수는, '새천년 생명의 숲'이라는 멀쩡한 이름의 공원을 그의 호를 따 '일해공원'으로 바꾸어 버렸다. 큰 인물이 태어난 고향이니 기념할 만한 무언가가 있어야 한다는 뜻이란다.

　아무튼 우리는 '전 재산 29만 원의 가난한 전직 대통령' 때문에 국제적인 망신거리가 되었다. 가난한 것 자체는 아무런 문제가 아니다. 어마어마한 부를 누리는 사람이 가난한 척을 하는 게 망신스러울 뿐이다.

그건 그렇고, 그의 주장대로 전 재산이 29만 원뿐이면 기초생활보장법에 따른 수급권자에 해당할 텐데, 동사무소에 급여 신청이나 했는지 모르겠다. 새로 시작되는 기초노령연금은?

독재의 망령, 국기에 대한 맹세

"나는 자랑스런 태극기 앞에 조국과 민족의 무궁한 영광을 위하여 몸과 마음을 바쳐 충성을 다할 것을 굳게 다짐합니다."

한국 사람들이, 특히 국가가 주관하는 공식 행사 때마다 집단 최면에 빠진 듯 읊어 대는 '국기에 대한 맹세'. 이전에는 "나는 민족중흥의 역사적 사명을 띠고 이 땅에 태어났다"로 시작하는 '국민교육헌장'도 외워야 했다. 심지어 나는 중학생 때 도덕 시험에서 "국민교육헌장은 모두 몇 글자인가?"라는 기괴한 문제를 푼 적도 있다. 정답은 393자. 몸과 정신이 하루가 다르게 커 가는 학생들의 지적 수준과 학습 의욕을 완전 무시한, 유치하기 그지없는 이 문제의 답을 틀린 학생은 슬프게도 거의 없었다.

잇단 안보 이슈가 터졌던 1968년, 박정희는 국민교육헌장을 선포

했다. 국민을 섬겨야 하는 국가가 오히려 국민의 충성을 강요하기 위해 만든 것이다. 국민교육헌장을 배우고 외우는 일도 웃기지만, 글자 수까지 외우게 하면서 그걸 '도덕' 교육으로 생각한 사람들의 머릿속에는 도대체 뭐가 들어 있는지 지금도 궁금하기만 하다.

내용도 아리송하다. 세상에 그런 사명을 띠고 태어난 사람이 있겠는가. 출생은 태어나는 사람의 입장에서 보면 선택의 결과가 아니다. 누구도 어느 부모 혹은 어느 나라에서 태어나겠다고 선택한 사람은 없다.

보통은 아무 생각 없이 태어나서 놀고 배우면서 사람이 되어 가고, 자라다 보니 인생이 무엇인지, 어떻게 살아야 할지를 결정하게 된다. 그렇지만, 국기에 대한 맹세와 국민교육헌장 외우기를 강요하는 국가주의의 과잉은 이런 과정을 모두 생략시켜 버린다. 그가 누구이든 간에 이 땅에 태어난 이유는 민족중흥의 역사적 사명을 부여받은 것이고, 조국과 민족의 무궁한 영광을 위하여 몸과 마음을 바쳐 충성을 다해야 하는 것이다.

사랑하는 사람에게 하는 고백도 마음에서 우러난 것이어야 의미가 있다. 하물며 국가나 민족 같은 추상적 개념을 위해 몸과 마음을 다 바쳐 충성을 한다는 것은, 뿐만 아니라 그런 맹세를 매일처럼 되풀이해야 한다는 것은 아무리 생각해도 정상적인 일이 아니다.

국기에 대한 맹세는 일본 제국주의가 우리에게 강요했던 '황국신민서사'를 고스란히 베낀 것이다. 박정희 정권은 1976년 10월 4일부터 국기 하강식을 거행하면서 애국가 제창 후에 국기에 대한 맹세를 암송

하게 했다. 오후 5시(또는 6시)만 되면 전 국민을 '일시 멈춤' 상태로 만들었던 희한한 발상이었다. 어쨌든 우리는 제국주의와 독재의 유산을 30년 넘도록 청산하지 못하고 있으니 부끄러운 일이다.

국가나 민족 같은 것을 전혀 중요하게 생각하지 않는 사람도 있고, 국가와 민족을 소중히 여겨도 몸과 마음을 바칠 생각은 없는 사람도 있다. 그런데도 국가는 이런 식의 맹세를 강요하고 있다. 설령 사랑이 넘쳐서 몸과 마음을 바치겠다고 생각하는 사람이 있어도 그에게 맹세를 강요하는 것은 문제가 있다.

맞춤법이 틀리고 어법에도 안 맞는 것 역시 문제다. 이런저런 문제 제기가 있자, 2007년 행정자치부는 국기에 대한 맹세를 없애는 대신, 문구를 좀 다듬었다.

"나는 자랑스러운 태극기 앞에 자유롭고 정의로운 대한민국의 무궁한 영광을 위하여 충성을 다할 것을 굳게 다짐합니다."

맞춤법이 잘못된 '자랑스런'을 '자랑스러운'으로 바로 잡고, '자유'와 '정의' 따위의 말을 집어넣고, 추상적 개념인 '민족'을 들어낸 것을 보면 예전보다 좀 나아진 건 사실이다. 그렇지만 이것은 화장을 약간 고친 것에 불과하다. 여전히 나는 국민으로서 국가를 위해 충성을 다해야 할 존재인 것은 변함이 없다.

나는 중고등학생 시절 '애국 조회'가 열릴 때마다, 교장선생님의 입을 통해 미국 대통령 케네디의 대통령 취임사를 거듭 들어야 했다. "국가가 나를 위해 무엇을 해줄까를 생각하기 전에 내가 국가를 위해 무엇을 할 것인가를 먼저 생각해야 한다." 케네디의 대통령 취임사는 미국이 인권의 진전을 위해 할 수 있는 모든 노력을 다하겠다는 다짐을 담고 있다. 앞뒤 자르고 맥락도 무시하고 그저 자기들에게 필요한 부분만 빼내 미국 대통령의 권위를 빌려 국민의 의무만을 강조하자는 왜곡이었다.

이런 교육과 맹세가 의도하는 목적은 뻔하다. 국가는 권리의 주체이고, 국민은 의무 주체로 여기게 하는 것이다. 국방·납세·교육·근로 등 국민의 '4대 의무'를 정확히 아는 사람들은 많지만, 국민의 '4대 권리'는 무엇인지 아무도 모른다. 그런 말 자체가 아예 없으니 모르는 게 당연하다.

국가가 무엇인지를 규정해 놓은 대한민국 헌법을 보면 국가와 국민이 권리와 의무에서 어떤 관계에 있는지를 명확하게 알 수 있다. 헌법 제10조를 보자.

"모든 국민은 인간으로서의 존엄과 가치를 가지며 행복을 추구할 권리를 가진다. 국가는 모든 국민의 기본적 인권을 확인하고 이를 보장할 의무를 진다."

헌법 조문에서 밝히고 있는 권리 주체는 국민이고, 국가는 의무 주체이다. 당연하지 않은가. 국가는 국민을 위해서 존재할 때만 의미를 가질 수 있다. 그런데도 우리가 배우는 것, 우리의 맹세는 온통 거꾸로 되어 있다. 국가는 곧 국가 지도자라는 등식에 충실한 정치 모리배들이 이렇게 만든 것이다. 우리 몸에 각인되어 있는 독재의 명령과, 여전히 작동하고 있는 그 망령들에서 이제는 벗어나야 하지 않겠는가.

"베트남 처녀는 절대 도망가지 않습니다"

"베트남 숫처녀와 100퍼센트 결혼 성사" "처녀와 결혼—완전 후불제" "베트남 처녀 결혼—초혼·재혼·장애인 환영" "100퍼센트 사후 보증" "베트남 처녀는 절대 도망가지 않습니다" "65세까지 완전 성사" "북한 아가씨와 결혼합시다"

국제결혼 알선 업체들이 몇 년 전부터 농촌 지역을 중심으로 도로변에 내건 현수막 문구들이다. 이 현수막에 큼지막하게 적힌 전화번호로 전화를 걸거나, 인터넷에서 검색을 해보면 훨씬 더 자극적이고 기가막힌 이야기들이 쏟아져 나온다.

"남편에게 헌신적이다. 남편 말을 무조건 따른다. 혈통이 우리와 비슷하다. 몸 냄새가 아주 좋다. 몸매가 세계 최고다. 섹시하다. 때려도 도망가지 않는다. 정조관념이 투철하다. 사치를 모르고 검소하다. 생활력

이 강하다. 자기희생적이며 부지런하다. 어른을 공경한다……."

분명 우리 주변에 있을 누군가들이 이런 말들을 생산하고 소비한다는 사실만으로 나는 너무나 수치스럽고 절망을 느낀다. 명목은 결혼 알선이지만, 사실 노예 거래와 하등 다를 바 없다. 이 따위의 부끄럽고 반인권적인 문구를 앞세워 홍보를 하는 업자들도 문제지만, 저런 천박한 광고에 눈길을 주는 일반적인 한국 남성들의 의식은 더 큰 문제다. 여전히 많은 한국 남성에게 여성은 그저 섹스 상대가 되어 주고, 애 낳아 주고, 시집 어른들 잘 모시고, 부지런히 살림도 잘하고, 남편 말에 군소리 없이 순종하고, 때려도 도망가지 않는 존재여야 하나 보다. 꼭 농촌에 사는 총각들만이 독특하게 인권 침해적인 사고방식에 젖어 있지는 않을 것이다. 농촌이라 해서 다를 건 하나도 없다. 그저 한국 남성의 평균이 그 어디쯤에 있는 것일 뿐이다.

해서 나는 같은 남성으로 더욱 끔찍하다. 평생의 반려라는 짝을 마치 노예를 고르는 기준처럼 돈을 주고 고르는 현실이 끔찍하다. 노예를 데리고 사는 노예주는 인생의 행복을 만끽할지 모르지만, 노예로 사는 '사람'의 삶은 비참, 그 자체다.

일부 국회의원들은 이러한 광고를 부착하지 못하도록 '옥외 광고물 등 관리법'을 개정안을 제출하기도 했다. "성이나 인종 차별적인 표현으로 인권 침해 소지가 클 경우 현수막과 간판, 벽보 등의 사용을 금지"하고, 형사처벌까지 가능하도록 하는 것이다. 지금의 법률만으로도 흉측한 문구의 현수막들을 얼마든지 단속할 수 있지만, 우리의 부끄러운 자화상을 떨쳐 낸다는 생각으로 이런 방향으로 법률을 개정하는 것도 좋겠다는 생각이 든다.

그렇지만 '때려도 도망가지 않는 베트남 숫처녀와 결혼하라'는 광고가 버젓이 길거리에 나붙는데도 아무런 조치도 취하지 않는 지방자치 단체 공무원과 경찰관들은 도대체 뭐하는 사람들인지 모르겠다. 현재의 법률에 따라서도 '범죄 행위를 정당화하거나 잔인하게 표현하는 것', '음란 또는 퇴폐적 내용 등으로 미풍양속을 해칠 우려가 있는 것', '청소년의 보호·선도를 저해할 우려가 있는 것', '기타 법령의 규정에 위반되는 것' 등은 내다 걸 수 없게 되어 있다. 이러한 행위 역시 1년 이하의 징역이나 1천만 원 이하의 벌금형에 처할 수 있다. 지방자치 단체와 경찰이 몇 군데만 확실하게 대응한다면 그 효과는 당장에 나타날 것이다. 고액의 벌금과 형사처벌을 감수하면서까지 현수막을 내다 걸 용기를 지닌 국제결혼 알선 업자는 없을 테니 말이다.

그렇지만 더 중요한 것은 우리의 반인권적인 의식이다. 저도 사람이면서 어떻게 다른 사람을 아무런 감정도 없는 것처럼, 그저 노동력이나 성性을 제공하는 존재로 여길 수 있는지가 더 큰 문제다. 광고도 문제지만, 그런 광고가 통하는 현실이 더 문제다.

이런 광고를 본 베트남, 북한, 중국, 필리핀, 캄보디아 사람들이 느끼는 고통을 생각해 보면 절로 몸서리가 쳐진다. 그냥 단순하게 입장만 바꿔서 생각해 보면 어떨까. 미국이나 유럽, 일본을 여행하는데, 한국 여성들과의 국제결혼을 알선하는 비슷한 내용의 현수막을 읽게 된다면, 한국 사람들의 기분은 어떨까?

　"대한민국 숫처녀와 100퍼센트 결혼 성사" "대한민국 처녀와 결혼—완전 후불제" "대한민국 처녀 결혼—초혼·재혼·장애인 환영" "100퍼센트 사후 보증" "대한민국 처녀는 절대 도망가지 않습니다" "65세까지 완전 성사" "대한민국 아가씨와 결혼합시다"

전 국민을 관리하는 '친절한' 번호

아이가 태어나 출생 신고를 하면, 한국 사람은 나면서부터 고유번호를 부여받는다. 달라고 한 적도 없는데, '친절한' 국가가 매긴 이 고유 번호의 이름은 바로 주민등록번호이다.

모두 13자리, 앞의 여섯 자리는 생년월일이고, 뒤의 일곱 자리는 남녀 성별 구별과 출생 지역을 뜻한다. 최소한 주민등록번호만 보면, 그가 몇 살인지, 생일은 언제인지, 남성인지 여성인지, 그리고 어디서 태어났는지를 알 수 있다.

주민등록번호의 힘은 실로 막강하기만 하다. 자신의 주민등록번호를 외우지 못하는 사람이 있을까 싶을 정도로 이 번호는 생활 깊숙한 곳까지 영향을 미치지 않는 경우가 없다. 금융거래나 인터넷 접속을 할 때는 물론이고, 동네 비디오 가게에서도 주민등록번호를 묻는다. 가끔 길거리에서 마주치는 경찰관의 질문에 답할 때도 번호를 대야 한다.

외국인이 한국에서 살기 어려운 가장 큰 이유도 이 주민등록번호 탓이다. 이 번호가 없으면 재산을 소유하거나 재산 거래를 하기도, 인터넷 접속이나 다른 서비스를 받기도 힘들다. 한마디로 사람 노릇 하기가 어렵다. 주민등록번호에 익숙한 한국인에게는 별 것 아니겠지만, 한국에서 살아야 하는 외국인에게는 번호 이상의 장벽을 의미한다.

주민등록번호가 없으면 사람 구실을 못하는 세상이 되었지만, 그 역사는 50년밖에 되지 않았다. 1968년 새해부터 잇단 안보 이슈가 터졌다. 박정희를 죽이겠다던 김신조 일당의 무력 도발이 있었고, 삼척·울진 등지에 북한의 무장 부대가 침투하기도 했다. 북한의 남침 위협을 명목으로 장기 집권을 하고 있던 육군 소장 출신 박정희가 이런 호재를 놓칠 이유는 없었다. 일련의 안보 이슈는 두 가지 새로운 제도를 낳았다. 하나는 예비군의 창설이고, 다른 하나는 바로 주민등록제도, 주민등록증, 주민등록번호의 도입이었다. 국민교육헌장도 이때 만들어진다.

이전에는 주민등록증 같은 국가신분증도, 전 국민을 단일한 번호체계로 관리하는 주민등록번호도 없었다. 주민등록증과 번호를 도입한 이유를 당시 정부는 '간첩 색출'이라고 밝혔다. 간첩이 많고, 그 간첩 때문에 국가 안보가 위험한 상황이니, 간첩을 골라내기 위해서 전 국민에 대한 등록제를 시행한다는 거다.

주민등록증을 처음 갖게 된 사람은 박정희와 그의 부인 육영수였다. 1968년 11월, 지나친 주민 통제가 인권 침해로 이어진다는 야당의 반대에도 불구하고, 간첩 색출이란 명분으로 태어난 주민등록증을 처음 갖게 된 박정희와 그의 부인의 주민등록번호 뒷자리는 '100001' 과 '200001' 이었다. 당시는 지금보다 한 자리가 적은 12자리였다. 앞의 여섯 자리는 지금처럼 생년월일이 아니라 주소지 정보를 담고 있었다. 박정희의 주민등록번호는 '110101-100001' 이었는데, 앞의 두 자리 11은 서울, 다음 01은 종로구, 그 다음 01은 자하동(지금의 청운동)을 뜻하고, 뒷자리의 1은 지금과 같이 성별 구분을, 그 다음의 숫자는 주민등록을 한 순서를 뜻한다. 즉, 박정희의 주민등록번호는 1911년 1월 1일에 태어났다는 뜻이 아니라, 서울시 종로구 자하동에 살면서, 그 동네에서 처음으로 주민등록을 한 남성이라는 뜻을 담고 있다. 박정희는 1917년 11월 14일에 태어났다.

지금 같은 13자리가 된 것은 1975년의 일이었다. 앞의 주소지 정보를 코드화하여 뒷자리로 옮기고, 그 자리에 생년월일을 적은 것이다. 처음 만들어진 것보다 지금 쓰고 있는 것이 훨씬 진화한 것이라 할 수 있다. 20세기에 태어난 사람들과 구별하기 위해서 21세기에 태어난 사람들의 경우에는 남성 3, 여성 4를 뒷자리의 맨 앞에 놓았다는 것 정도가 최근의 변화이다.

주민등록번호만 아니라, 주민등록증도 진화를 거듭해 왔다. 처음에는 종이 재질에 세로형이었는데, 가로에다 플라스틱으로 바뀌었다. 진화는 여기서 멈추지 않을 것 같다. 행정자치부는 주민등록증을 IC칩을 내장한 스마트카드로 만들기 위해 10년 넘게 끈질긴 노력을 하고 있다. 김영삼 정부 때 추진했던 것이 김대중 정부의 등장으로 중단되었지만,

노무현 정부 때도 다시 추진하려는 움직임이 있었다. 이미 대기업들이 참여하는 '전자주민카드 컨소시엄'이 구성되어 활동 중이니 '실용' 좋아하는 이명박 정부가 이것을 그냥 놓칠 것 같지는 않다는 불길한 예감이 든다.

우리에게는 너무 익숙하고 당연한 것이 되어 버린 주민등록번호. 하지만 번호를 매겨서 국민을 관리하는 나라, 그것도 번호 하나하나에 의미를 담아서 관리하는 나라는 이 세상에 없다. 국가신분증 제도를 운영하는 나라도 별로 없다. 미국, 일본, 영국, 프랑스, 독일 등 알 만한 나라에는 아예 국가신분증이 없다. 운전면허증이나 사회보장카드 같은 특정한 목적을 위한 카드, 즉 목적별 카드만 있을 뿐이고, 여기에 적힌 번호도 아무 의미 없는 숫자의 나열일 뿐이다.

간첩 색출이란 명목도 내세울 수 없는 지금, 우리는 여전히 간첩을 골라내기 위해 만든 숫자에 의해 관리되고 있다. 독일 연방헌법재판소는 국민은 국가의 존재 이유이며, 각각의 국민이 존엄한 존재이기 때문에 숫자로 관리하는 것 자체가 헌법 위반이라는 결론을 이미 25년 전에 내놓은 바 있다. 독일 국민보다 한국 국민이 덜 존엄한 까닭은 도대체 어디에 있는가?

전투경찰, 군인인가 경찰인가

집회가 있는 곳이나 관공서, 대사관 등의 시설에 대한 경비를 맡는 경찰을 보통 전투경찰이라고 부른다. 틀린 말은 아니지만, 정확하게 말하려면 '전의경'이라 해야 한다.

보통 전투경찰이라고 부르는 사람들은 크게 '의경의무경찰'과 '전경전투경찰', 두 가지로 나뉜다. 경찰서나 지구대 앞에 '의무경찰 모집' 공고가 1년 365일 붙어 있는 것에서 알 수 있는 것처럼, 군 복무를 하긴 해야 하는데 군대가 아닌 경찰서에서 하고 싶다고 자원하는 경우가 의무경찰이고, 군에 갔는데 경찰로 차출된 경우가 전투경찰이다. 그렇지만 정식 명칭은 더 복잡해서 의무경찰은 '의무전투경찰순경', 전투경찰은 '작전전투경찰순경'이다. 여하튼 의경이든 전경이든 공통점은 '전투경찰순경'이라는 것이다.

경찰이라 불리고, 실제로 경찰에 소속되어 활동하고 있지만, 이들의 신분은 사실상 군인이다. 군 병력을 경찰이 빌려와 활용하고 있을 뿐이다. 이런 점에서 보면 한국은 군인이 경찰 업무를 하고 있는 나라이다. 한국과 같은 전의경 제도는 세계에서 유례가 없다.

애초 시작은 한국 전쟁 때 이승만이 군 병력에 대한 작전 지휘권을 미국에게 넘긴 다음이었다. 지리산 일대의 '빨갱이' 무장 세력을 소탕하려면 군사 작전을 벌여야 하는데, 미국의 허가 없이 병력을 마음대로 움직일 수 없었던 이승만 정권은 묘안을 짜냈다. 바로 전투를 목적으로 하는 경찰 부대를 창설하는 것이었다. 그렇지만 '공비 토벌'이 끝난 다음, 전투경찰은 그 효용을 다했다. 전투경찰의 설치 근거였던 '서남지구대특별법'도 폐기되었다.

역사의 무대에서 사라졌던 전투경찰을 부활시킨 것은 박정희였다. 박정희 정권은 1970년 '전투경찰대설치법'을 제정해 물꼬를 텄고, 데모 진압을 위해 본격적으로 전투경찰을 활용하기 시작한 것은 전두환 정권이었다. 전두환 정권은 1980년 전투경찰대설치법에 '치안 업무 보조'라는 여섯 글자를 집어넣어, 전투경찰이 다양한 경찰 업무에 종사할 수 있도록 했다. 그 핵심은 기동대라 불리는 시위 진압용 부대의 창설이었다.

어느 나라든 군대가 아닌 경찰에게 치안 업무를 맡기는 것은, 작전 수행을 위해 과정을 별로 중요하게 생각하지 않는 군대가 자국민을 대상으로 치안 업무를 맡게 될 때 발생하는 인권 침해 때문이다. 군대란, 앞에 있는 고지를 점령하기 위해 돌격만 하면 될 터, 그 과정에서 적법

절차 원리를 준수한다는 것은 애당초 사명에서 빠져 있다. 고지를 점령하러 올라가면서 원본으로 된 영장을 보여 줄 리도 없고, 3회에 걸쳐 사전 경고를 할 필요도 없다. 그렇지만 경찰은 다르다. 경찰 활동의 핵심은 적법 절차 원리이다. 적을 대상으로 싸우는 군대와, 주권자요 납세자인 국민을 대하는 경찰이 달라야 하는 이유가 여기에 있다.

전의경이 주로 맡고 있는 집회·시위 진압 업무도 그렇다. 집회와 시위의 자유는 헌법에 규정된 기본권이고, 민주 사회의 근간이 되는 중요한 권리이다. 집회와 시위를 하는데, 곧 국민이 일상적으로 헌법에 보장된 기본권을 행사하는데, 전투를 목적으로 창설된 특수 부대가 이에 대한 진압을 맡는다는 설정 자체가 위헌이다. 전투경찰의 활동은 상시적 계엄 상태를 연상시킨다.

전의경이 하는 일은 데모 진압에만 그치는 것이 아니다. 경찰 간부들의 각종 심부름부터 운전, 경찰관서 지키기 등 경찰의 각종 허드렛일도 그들의 몫이다. 말이 좋아 '치안 업무 보조'이지, 실제로는 각종 잡일 전담이다. 게다가 집회 현장 같은 곳에서 보면 오히려 직업 경찰관들이 전의경의 업무를 보조하고 있는 것처럼 보인다. 광화문에서 이순신 장군 동상을 하루 종일 지키기도 하고, 세계 최강의 미군 부대를 달랑 작대기 하나 들고 지켜 주기도 한다.

온갖 궂은일을 처리하는데, 그렇다고 제대로 된 대접을 받는 것도 아니다. 106㎡(32평) 내무반에 110명이 생활하는 것이 보통인데, 1인당 차지하는 면적은 겨우 0.96㎡(0.29평)이다. 교도소에 갇혀 있는 재소자가 차지하는 공간의 절반도 안 된다. 상황이 있을 때는 그냥 버스에서 자거나 강당이나 복도 같은 곳에 매트리스 한 장 펴놓고 잘 때도 많다.

　평균 출동 시간도 휴일 없이 매일 13시간쯤 된다. 진압 훈련이나 개인 정비 시간을 빼도 이 정도다. 고된 생활의 연속인 데다 군기도 일반 현역병보다 심하다. 자살도 현역 군인에 비해 2배나 많다. 2012년에 전의경 제도가 폐지된다고 하니 다행이지만, 갈수록 인원이 줄어들게 되는 앞으로 몇 년이 더 큰 문제다. 그 시기에 전의경으로 살아야 하는 젊은이들은 줄어든 인원만큼 더 혹사당할 것이 분명하기 때문이다. 전의경을 폐지하겠다던 노무현 정부의 방침이 이명박 정부에서도 이어질지 지켜볼 일이다.

　세계적으로 공인되는 강제 노동은 딱 두 가지뿐이다. 군인과 재소자의 노동이다. 전의경의 경우에는 군대에 갔지만 '경찰관'으로 일하고 있으며, 겨우 몇 만 원 말고 제대로 된 급여도 받지 못하고 원하지 않는 일에 강제로 종사한다는 점에서 명백한 강제 노역이다. 군사 독재 정권의 잔재이며, 위헌적 강제 노역인 전의경 제도를 없애는 것은 실종된 우리 사회의 상식을 회복하는 일이다. 그런데 한국 사회에서 상식을 복원하기란 참으로 힘들다.

벌금형이 자유형의 대체 수단이라고?

　　　　　　　　　　형사법 교과서는 벌금형이 자유형自由刑
의 대체 수단이라고 적고 있다. 구금 시설에 가두는 것만이 능사는 아니
다. 구금 시설에 갇히면 당장 가족과 떨어져 살아야 하고, 생업을 잃게
된다. 범죄자로 낙인찍히는 것은 물론 오히려 범죄에 오염될 가능성도
높다. 구금 시설에서도 의식주 등 기본적인 생활을 영위해야 하기에 국
가는 상당한 비용을 들여야 한다. 신체의 자유를 제한하는 자유형은 이
런 면에서 폐해가 크다. 자유형에 처할 만큼 무거운 죄를 짓지는 않았지
만, 형사처벌을 통해 범죄에 대한 책임을 묻고자 할 때, 벌금형은 대체
수단으로써 적절한 효과를 발휘하기도 한다.

　　그렇지만 벌금을 내지 못한 사람에게 벌금형은 자유형과 마찬가지
효과를 가진다. 환형유치換刑留置라고 하여, 벌금 미납자는 구금 시설에
갇혀 마치 일당을 치듯 자기가 부과 받은 벌금을 하루에 일정 액수씩 까

도록 하고 있다. 통상 하루에 5만 원씩 제한다. 구금 시설에 갇힌 이들에게는 강제 노역이 주어진다. 실제로 본인이 원하지 않으면 시키지 않기도 하지만, 법적으로는 누구나 강제로 노역에 처하게 되어 있다.

1997년 외환위기 사태 이후 양극화가 심화되었다. 상위 계급의 소득은 더 늘어났고, 하위 계급은 더 살기 어려워졌으며, 중간층은 붕괴되어 양쪽 극단으로 나눠졌다. 중산층의 붕괴는 가난한 계급의 확산으로 이어져, 20 대 80 사회니, 10 대 90 사회니 하는 말이 유행하게 되었다.

이때부터 벌금을 내지 못해 노역장에 갇히는 사람들이 늘어나게 되었다. 2006년 한 해 동안에만 노역장 유치가 3만 4,019건이나 되었다. 구치소, 교도소를 포함하여 신체의 자유가 제한되는 사람들의 상당수가 벌금을 내지 못해 갇히는 사람들이다.

벌금 미납만이 아니라, 벌금 부과 방식에도 중대한 결함이 있다. 부자들에게 벌금 100만 원은 별 것 아닌 돈이겠지만, 그 돈을 도저히 낼 수 없는 가난한 사람들은 차라리 20일 동안 구금 시설에 갇혀서 몸으로 때우는 것이 훨씬 나을 수도 있다. 실제로 벌금을 내지 못해서 갇히는 사람들은 대개 적게는 수십만 원부터 많게는 수백만 원의 돈 때문에 그렇게 된다.

2007년 6월 장애인 인권 운동가들이 대검찰청 앞에서 시위를 벌였다. 장애인 인권 향상을 위해 싸우는 활동가 65명이 물게 된 벌금이 1억 2,314만 원인데, 생계를 꾸려가기도 빠듯한 사람들에게 이렇게 벌금형을 때릴 바에야 차라리 잡아 가두라는 거였다. 이들은 벌금을 내지 않으면 2,462일을 감옥에 갇혀야 한다. 꼬박 6년 9개월이다.

그 사람의 소득에 상관없이 죗값대로 벌금을 매기는 제도를 '총액 벌금제'라고 한다. 그러나 이 제도는 빈부의 차이로 인한 차별을 가난한 사람들에게 강요하고, 부자에게는 형벌 부과의 의미를 찾을 수 없기 때문에 후진적인 제도로 평가되고 있다. 이러한 문제를 극복하고자 유럽의 여러 나라가 채택하고 있는 제도는 '일수벌금제'이다. 벌금을 매기되, 소득에 따라 차등해서 매긴다는 것이다. 핀란드 기업 노키아의 부사장이 할리데이비슨을 타고 과속을 하다 단속에 걸려 벌금으로 1억 원 넘게 납부하게 되었다는 외신 보도 따위가 바로 일수벌금제를 운용하는 유럽 국가들의 모습을 잘 보여 준다. 벌금도 세금처럼 번 만큼 내라는 거다. 장애인 인권 운동가들도 일수벌금제 도입을 요구했다. 아예 소득이 없어서 적은 액수의 벌금도 내지 못하는 사람에게는 사회봉사 명령 등 다른 방식의 처벌을 줘야 한다.

그렇다면, 벌금을 내지 못해 구금 시설에 갇힌 노역수들이 하는 강제 노역이란 어떤 걸까? 정말 하루에 5만 원씩 쳐줄 만한 일을 하는 걸까? 그렇지 않다. 노역에 참여하지 않는 사람들이 80~90퍼센트 정도는 되고, 나머지 소수가 하는 일도 고작해야 종이가방 접기 따위가 전부다. 가방 한 개 만들 때마다 8원의 작업 보상금이 주어지는데, 하루 10시간씩 꼬박 일 해봐야 손에 쥐는 건 한 달 6~7천 원이 전부다. 벌금도 내지 못할 형편에 있는 가난한 사람들 중에는 아픈 사람도 많고, 작업을 할 수 없는 연로한 분들도 많기 때문에, 실무에서의 의미란 그저 가둬 놓는 것밖에는 없다.

가난한 탓에 벌금을 내지 못하는 사람들, 오히려 국가의 살뜰한 도움을 받아야 하는 사람들이 오늘도 구금 시설에 갇혀서 허송세월을 보내고 있다. 평소에는 사지육신 멀쩡하다가도 언론사 카메라 앞에서는 갑자기 풀 죽고 아픈 얼굴이 되고, 휠체어만 타면 집행유예로 석방되는 재벌 회장들과 극명하게 비교되는 이들의 처지는 '유전무죄 무전유죄'가 결코 빈말이 아님을 증명한다.

사람을 인적 자원으로 보는 교육

한국이 오늘의 경제 성장을 이룬 주요한 동력이 교육에 있다는 것은 부인할 수 없는 사실일 게다. 우골탑牛骨塔 신화가 말해 주듯 어려운 여건에서도 자녀 교육을 위해 우리의 부모들은 부단히 애써왔다. 교육에 대한 집착은 유별난 것이어서, 아이들 학원비를 벌기 위해 노래방 도우미로 일하는 어머니들의 이야기가 드라마의 소재가 될 정도다.

교육에 대한 유별난 집착은 사농공상士農工商 중에서도 사士를 가장 제일로 치는 유교적 전통에다, 교육('학벌'이 더 정확한 표현일 게다)을 통해서만이 계급 상승을 할 수 있거나 계급을 물려줄 수 있는 한국 사회의 독특한 구조, 그리고 노동에 대한 천시 따위의 이유에서 비롯한 것이다. 사람이 사는 데 꼭 필요한 조건은 의식주衣食住가 아니라 교식주敎食住라고 해야 맞는다고 할 정도로 교육이 전 국민의 최대 현안이 된 오늘, 국가가 교육을 대하는 태도는 어떨까.

한국에서 교육은 국가가 일방적으로 국민을 가르치는 것이었다. 정부 수립 때부터 교육 업무를 관장하는 부처의 명칭은 '문교부文敎部'였다. 국가가 국민을 가르치고 교양한다는 권위주의 냄새가 물씬 나는 이 명칭을 바꾼 것은 놀랍게도 군인 출신으로는 마지막 대통령이었던 노태우였다. 그는 1990년 12월 27일 문교부라는 명칭을 '교육부'로 바꾼다. 학교 현장의 목소리를 잘 듣겠다는 뜻에서 그렇게 했다고 밝히기도 했다.

문제는 최초의 평화적 정권 교체를 통해 집권에 성공한 김대중이었다. 김대중은 이해할 수 없을 정도로 시장만능주의에 경도되어 있었다. 사람마저도 수력水力, 원자력原子力, 풍력風力, 전력電力 같은 자원으로 보는 시각이 반영된 이름이 '교육인적자원부'다. 교육부에서 교육인적자원부로 명칭이 바뀐 것은 2001년 1월 29일이었고, 이때 정부가 내세운 논리는 "국가 수준의 인적 자원 개발 정책의 수립과 총괄 조정 기능을 수행하기 위해"서였다. 교육이 인적 자원 개발로 전락하는 순간이었다.

다른 나라는 어떨까? 일본 교육부의 명칭은 잘 알려진 것처럼 문부성文部省이다. 미국은 교육부Department of Education라고 하고, 독일이나 프랑스도 그냥 교육부라고만 한다.

한국의 교육인적자원부와 그나마 비슷한 발상을 찾아볼 수 있는 나라로는 영국을 들 수 있다. 토니 블레어에게 정권을 이양 받은 새로운 영국 총리 고든 브라운은 정부 조직을 개편하면서, 기존의 교육부를

'아동, 학교, 가족부Department for Children, Schools and Families'와 '혁신, 대학, 기술부Department for Innovation, Universities and Skills' 등 2개 부처로 나누었다. 이 가운데 '혁신, 대학, 기술부'가 한국의 '인적 자원 개발'의 역할을 한다고 볼 수 있는데, 그래도 부처의 명칭에 노골적으로 '인적 자원, 인력' 따위를 써 놓지는 않았다. 또한 부처의 역할도 '아동, 학교, 가족부'는 기초 교육과 어린이 인권, 복지 등에 집중하고, '혁신, 대학, 기술부'는 대학 교육과 노동 기술력 향상에 집중하는 방식으로 분화되어 효율성을 기하고 있다. 노동 기술력 향상이 중요한 문제라고 해도, 인간을 단지 기업 등에 노동력을 제공하는 비인격적인 존재, 인적 자원으로 생각하고 있지는 않은 것이다.

헌법은 국가의 존재 이유가 국민 개개인의 존엄과 가치, 그리고 인권을 보장하기 위한 것이라고 규정하고 있다. 그렇지만 정부는, 그것도 이른바 '민주화'되었다는 시기에 등장한 정부는 인간을 그저 산업의 한 요소로 보는 '인적 자원'으로밖에 생각하지 않고 있다.

김대중 정부가 시작한 교육의 인적 자원화는 노무현 정부에 들어 더욱 노골적으로 추진되었다. 노무현 정부는 국가인적자원위원회와 인적자원본부를 신설하기도 했다. 인적자원본부에는 1급 상당의 고위 공무원을 본부장으로 두고 있는데, 노무현은 이를 차관급으로 만들지 못한 아쉬움을 두고두고 토로했다.

교육을 수요와 공급이라는 시장 원리에 따라 인적 자원을 갖다 쓰는 수요(기업의 요구)에 맞는 공급(교육-인적 자원 개발)이 이뤄져야 한다는 것이 노무현의 생각이었다. "수요에 기반을 둔, 분석과 연구를 끊임없이 교육 현장에서 진행하고, 서로(기업과 학교가) 정보를 교류하면서, 교육 현장의 변화를 함께 추구해 가야 되겠다. 그것이 교육인적자원부의 설립 취지다." 시장만능주의를 무슨 신주단지 모시듯 하는 그의 육성이다.

사람은 없고, 기업의 요구만 남아 교육을, 곧 사람을 멍들게 하는 반교육적 행태가 바로 대통령의 잘못된 시각에서 비롯된 것이다.

교육에 대한 이명박 정부의 시각도 크게 다르지 않았다. 우여곡절 끝에 부처 이름을 '교육과학기술부'라고 정하게 됐지만, 애초 발상대로라면 아예 '교육'이란 말조차 빠져 버린 '인재과학부'가 될 것이었다. 그야말로 한 술 더 뜨는 발상이다.

사람을 교육해서 인적 자원으로 쓰겠다거나 '교육'도 필요 없고 그저 인재만 육성하겠다는 발상을 갖고 있는 나라, 그것도 모자라 그런 유치한 생각을 노골적으로 부처 이름에 내걸고 있는 나라는 한국밖에 없다.

김수근의 숨겨진 작품, 대공분실

대공분실對共分室은 '공산당에 대적하기
위해 만든 별도의 조사실' 정도의 뜻을 갖고 있다. 1991년 대통령령인
'경찰청과 그 소속 기관등 직제 제정'의 개정으로 '대공'이란 말은 역사
속으로 사라졌다. 지금은 '보안保安'이라고 쓴다. 재미있는 것은 1991년
까지 경찰에서 보안이란 지금의 생활 안전, 곧 방범을 뜻하는 말이었다.
직제령 개정을 통해 보안과는 방범과(지금은 생활안전과)로, 대공과는
보안과로 이름을 바꾼 것이다.

경찰의 여러 기능은 대체로 시국 치안과 민생 치안으로 나눌 수 있
다. 정보와 대공, 경비가 대표적인 시국 치안 파트로 국민의 원성이 집
중되는 반면, 수사, 교통, 방범 등은 대체로 민중의 지팡이 역할을 수행
하고 있다. 파출소 등 일선에서 지역 주민과 밀착된 활동을 뜻했던 '보
안'이란 이름을 빌려다 '대공'의 추악한 이미지를 포장한 것이다.

대공분실, 지금은 보안분실로 부르는 이 시설은 경찰청이나 지방경찰청에 소속된 보안 담당 경찰관들이 경찰청사가 아닌 비밀스러운 곳에 별도로 유지하는 사무실을 뜻한다. 대표적인 것이 지난 2005년 7월 폐쇄된 남영동 대공분실이다. 한국을 대표하는 저명한 건축가 김수근(1931~1986)의 작품이다. 김수근이 누군지 몰라도 김수근의 작품 목록만 살펴봐도 그의 힘을 느낄 수 있는데, 서울에만도 불광동성당, 경동교회 등의 교회 건축물과 지방행정회관(공덕동), 공간, 경향신문, 오양빌딩, 샘터, 한국국제협력단 등의 사옥들, 타워, 라마다르네상스 등의 호텔, 경찰청, 서울중앙지방법원 같은 관공서와 서울올림픽 주경기장과 실내체육관, 수영경기장, 체조경기장, 자전거경기장, 그리고 지하철 경복궁 역사도 그의 작품이다.

이런 기념비적인 건축물을 쏟아 내었던 김수근이 악명 높은 남영동 대공분실을 설계했다는 것을 아는 사람은 별로 없다. 이 건물은 김수근의 작품 연보에서 빠져 있기 때문이다. 1976년 준공된 이 건물은 대지 8,370㎡(2,532평)에 건물 3,024㎡(915평)로 지상 7층에 별관 2층의 구조로 되어 있다. 남산의 안기부와 같은 지하실은 이곳에 없다. 지하실이 없어도 건물 자체가 조사받는 사람에게 공포를 심어 주기에 충분하다. 설계 자체가 그렇게 되었는데 이 건물의 가장 큰 특징은 조사받는 사람들에게서 공간감과 시간감을 빼앗아 버리는 것이다.

5층에 위치한 조사실은 다른 공간과 완벽하게 차단된 별도의 원형 계단을 통해 올라가도록 되어 있는데, 조사실이 5층에 있다는 것을 미리 알지 못한 채 오른다면 층수에 대한 감각을 잃어버리기 딱 좋게 되어 있다. 둥글고 좁은 나선형 계단을 오르다 보면 몇 층까지 왔는지를 알 수 없고, 공간감의 상실은 곧바로 공포로 이어진다.

남영동 대공분실이 단지 시간과 공간에 대한 감각만 차단해 버리는 것은 아니다. 고문을 통해 구체적으로 집요하게 사람을 파괴한다. 남영동에는 특별한 고문 도구가 없다. 이는 일제 시대 이래 경찰의 고문 기술이 진보를 거듭했기 때문이다. 뛰어난 고문기술자는 피조사자에게 극심한 고통을 주면서도 아무런 상처도 남기지 않는다. 고문 기술자 이근안의 특기인 관절 뽑기는 피조사자에게 처절한 고통을 안겨 주었지만, 외상을 남기지는 않았다. 무시무시한 전기 고문도 마찬가지다. 특별한 도구가 필요한 것도 아니었다. 그저 전기 콘센트와 플러스마이너스를 연결할 절연체인 사람 몸뚱이만 있으면 그만이었다.

1987년, 스물한 살의 대학생 박종철을 숨지게 한 물고문도 그렇다. 욕조에 물을 담가 놓기만 하면, 고문할 준비는 다 된 것이다. 비용도 들지 않고, 상처도 남지 않는다. 증거를 남기지 않으면서 상대방을 고통으로 무너뜨리기 위한 숱한 고문 기술이 바로 이곳에서 고안되고 실행되었다.

남영동 대공분실에는 모두 17개의 조사실이 있는데, 개중 16개는 5층에 나머지 1개는 3층에 있다. 박종철 열사가 목숨을 잃게 된 509호만이 원형 보존되어 있고, 나머지 조사실은 2000년 1월 리모델링 되어 원형을 찾아보기 힘들게 되었다.

각 조사실은 대각선으로 지그재그식으로 배치되어, 만약 조사실 문이 열리더라도 피조사자들이 서로를 볼 수 없게 되어 있다. 13.5㎡(4평) 남짓한 공간의 조사실에는 욕조, 세면기, 양변기와 침대, 조사용 책상과 의자가 배치되어 있다. 벽은 흡음吸音판이 붙어 있어 아무리 큰 고함 소리가 나도 다른 방에는 전달되지 않는다. 자살을 막기 위해 한 뼘도 안 되는 좁은 창이 설치되어 있고, 천장의 형광등도 철망을 끼워 깨트리지 못하게 되어 있다. 조사실에 갇힌 피조사자는 대공 요원들이 원하는 결과를 얻기 전까지는 절대 밖으로 나갈 수 없다. 조사는 물론, 식사와 용변, 세면까지 모두 이 방에서 해결해야 했다. 이 방은 안에서 열 수 없으며, 조명에 대한 통제도 밖에서 하도록 되어 있다. 문에 붙은 도어 아이도 안에서 밖을 보는 것이 아니라, 밖에서 안을 들여다보기 위한 것이다.

건물 자체가 사람에게 공포를 주기 위해 만들어진 곳, 실제로 고문이라는 가장 극단적인 인간 파괴가 자행된 곳이 바로 대공분실이다.

운 좋게 남영동 대공분실은 2005년 7월 폐쇄되어 지금은 경찰청 인권보호센터가 입주해 있다. 그렇지만, 전국에는 아직도 이런 시설이 43개나 남아 있다. 고문은 없다지만, 외부와 격리된 특별한 공간에서 조사받는 것 자체가 피조사자에게 위압감을 주게 된다. 남들과 다른 곳에서 특별한 조사를 받는 것 자체가 인권 침해다.

남북 정상이 사이좋게 만나 평화 체제를 논의하는 세상이다. 이제는 악명 높은 대공분실을 폐쇄함으로써 부끄러운 역사와 단절하고, 어린이 도서관처럼 지역 주민을 위해 환하게 열린 공간으로 거듭났으면 좋겠다.

여론 조사는 참고만 하시라니까요

선거철만 되면 여론 조사 회사가 호황을 누린다. 각 언론사의 여론 조사 의뢰는 물론이고, 각 정당과 후보들, 정부 기관과 선거의 향배에 관심을 갖고 있는 기업들의 의뢰가 한꺼번에 쏟아져 들어오기 때문이다. 두둑한 복채를 들고서 '무릎팍도사' 비슷한 용한 점쟁이를 찾아가 "이번 대통령 선거는 어떻게 될 것 같소?"라고 묻는 사람들도 여전히 있겠지만, 여론 조사는 뭔가 과학적인 것으로 지금의 추세는 물론, 미래까지 정확히 예측할 수 있을 것 같다는 기대 때문이다.

민주 국가에서 선거는 많은 사람이 함께 관심을 갖고 참여할 수 있는 매력적인 이벤트이고, 흥미로운 게임이다. 이것도 게임인 만큼 누가 이기냐 하는 승부를 가늠해 보는 재미가 쏠쏠하다.

요즘에는 선거 때만 여론 조사가 등장하는 것은 아니다. 중요한 정책에 대한 의견을 알아볼 때도 그렇고, 정부나 정당이 정당성을 확보하기 위한 좋은 도구로도 활용되고 있다. 그뿐인가, 상품을 매개로 한 여론 조사는 셀 수도 없이 많고, 텔레비전 시청률이나 박스 오피스 같은 것에도 비슷한 기법이 동원된다.

여론 조사의 매력은 조사 결과가 딱 떨어지는 숫자로 나온다는 데 있다. 홍길동 후보의 지지도 25퍼센트, 임꺽정 후보 21퍼센트, 장길산 후보 19퍼센트 하는 식으로 숫자가 정확히 딱 떨어진다. 만약 이 여론 조사가 오차 범위가 ±3.5퍼센트인 것을 감안해서, 여론 조사 결과를 딱 떨어지는 숫자로 발표하지 않고, 홍길동 후보 28.5~21.5퍼센트, 임꺽정 후보 24.5~17.5퍼센트, 장길산 후보 22.5~15.5퍼센트라고 한다면 어떻게 여겨질까. 앞의 결과 발표에서는 홍길동, 임꺽정, 장길산의 순서가 명확하지만, 뒤의 결과에서는 꼭 그렇다고 말하기 어려워진다. 앞의 방식에서는 꼴등이었던 장길산 후보에게 오차 범위 내의 가장 높은 지지율 22.5퍼센트를 적용하면, 이는 1등을 달리는 홍길동 후보의 오차 범위 내 가장 낮은 지지율 21.5퍼센트보다 높기 때문이다. 이런 조사 결과가 나오면 1등부터 3등까지는 혼전을 벌이고 있다고 봐야 하고, 정작 누가 1등인지를 알 수 없다고 보는 것이 맞다. 발표도 그렇게 해야 한다. 그렇지만 그렇게 해서는 약발이 떨어진다. 딱 떨어지는 숫자로 말해야만 여론 조사 결과는 믿을 만한 '사실'이 되는 효과를 얻을 수 있다. 이 효과는 동시에 함정이기도 하다.

여론 조사 결과는 질문이 무엇인가(누구를 지지하나, 누구를 찍을 것인가)에 따라 결과가 달라지고, 어떻게 묻는가(사람이 묻나, ARS 방식으로 기계가 묻는가)에 따라서도 달라진다. 또한 얼마나 많은 사람에게 묻는가, 전화로 묻는가 휴대전화로 묻는가, 질문에는 얼마나 많은 사람이 응답하는가 등의 기법에 따라 달라질 수도 있다.

그런데도 한국 사람들은 딱 떨어지는 숫자로 나온 여론 조사 결과를 철석같이 믿는다. 심지어 대통령 후보마저 여론 조사 결과로 뽑는다. 흔히 하는 말처럼 당심에서는 이겼지만 민심에서는 졌다고 표현하는, 2007년 한나라당 대선 후보 경선 때 박근혜의 경우가 그렇다. 여론 조사를 제외한 모든 부분에서 승리했는데도 경선에서 이명박에게 간발의 차이로 진 박근혜의 입장은 억울할 수밖에 없다. 다만 경선을 벌이기 전에 미리 규칙을 그렇게 정해 놓았기 때문에 억울하다고 말할 입장이 아닐 뿐이다.

2002년 대선에서 노무현과 정몽준 간의 후보 단일화 역시 여론 조사의 결과를 근거로 했다. 여론 조사 결과 노무현으로 단일화가 성사되었지만, 과연 노무현이 더 많은 국민적 지지를 받았는지는 아무도 모를 일이다. 이쯤 되면 대통령이 국민의 직접 선거로 뽑히는지, 여론 조사로 뽑힌다고 해야 할지 모를 지경이다.

함정이 숨어 있지만, 함정이 있는지 자체를 모르는 사람이 많다. 또 언론이 앞장 서 딱 떨어지는 숫자와 순위를 말하니, 그냥 여론 조사 결과를 '실제'라고 믿어 버리는 사람들도 많다. 딱 떨어지는 숫자가 주는 환상일 뿐인데도 그렇다.

사람들이 믿으니 대중의 지지를 받고 싶은 정부, 정당, 기업, 개인은 오늘도 끊임없이 여론 조사를 진행하고 있다. 수요가 넘쳐 나는 터라, 인터넷에서 잠깐 훑어봐도 여론 조사 회사의 이름은 끝도 없이 이어진다.

글로벌리서치 디오피니언 리서치앤리서치 리서치월드 리서치플러스 리얼미터 미디어리서치 에씨닐슨코리아 에이스리서치 월드서베이 코리아리서치센터 투루이스 티엔에스코리아 포커스리서치 한국갤럽 한국리서치 한국사회과학데이터센터 한길리서치연구소 현대리서치…….

그런데 하나 예외 없이 회사 이름에 영어가 들어가는 것을 보면, 숫자가 주는 신뢰에 영어가 주는 신뢰까지 보태져 '믿을 만하다'는 신화를 증폭시켜 주고 있음을 알 수 있다. 여론 조사 회사들 중에서 어떤 곳도 한글 명칭을 쓰지 않는 것은 가히 '영어 왕국', 국교國敎가 영어인 나라에 사는 신민臣民다운 발상이 아닌가.

당신이 사는 곳이 당신을 말해 줍니다

"당신이 사는 곳이 당신을 말해 줍니다."

대기업 건설 회사의 아파트 광고 카피다. 자체로 우주와도 같은 복잡한 사람이란 존재가 단지 그가 어떤 집에 사는가로만 말해진다니, 아무리 아파트를 팔아먹기 위한 것이라지만 유치하기 짝이 없다.

유치하기는 해도, 한국 사회에서 이런 진술은 참에 가깝다. 아파트 평수가 얼마냐가 곧 부의 척도가 되고, 얼마큼의 부를 가지고 있는가는 사람을 평가하는 데 매우 중요한 표지다. 그 사람의 성품, 덕성, 인간관계 같은 것이 아니라, 그저 주거 공간일 뿐인 집이 곧 우리의 모든 것을 말해 준다는 뻔한 거짓말이 상식이 된 시대다. 우리는 어느새 집의 주인이 아닌 '집의 포로'가 되어 버렸다.

한국만큼 아파트를 선호하는 나라도 없다. 인구가 밀집되고 땅값이 비싸 어쩔 수 없이 아파트를 짓는 경우는 있지만, 유럽 등에서 아파트는 전형적인 주거 소외 계층의 생활공간이다. 어느 정도 소득이 되는 중산층 이상은 아파트보다는 작더라도 정원이나 텃밭이 딸린 단독 주택을 선호한다. 그들에게 아파트는 할 수 없어서 살게 되는 비인간적인 주택으로 여겨진다.

강남 아파트 붐이 일기 전까지는 우리도 그랬다. 강남에 대규모 택지 개발을 해 놓고 아파트를 지어 팔아야 하는데, 별 반응이 없자 박정희 정권은 서울, 경기 등 이른바 명문 고등학교를 강남으로 이전하는 등 다양한 유인책을 썼다. 이들 유인책이 성공하고 나면서부터 아파트는 비인간적 주거 공간에서 편리한 주거 공간으로 바뀌게 된다. 그 결과 아파트는 단독주택, 연립주택 등을 제치고, 가장 일반적인 주거 형태로 자리 잡게 되었다. 2002년 47.7퍼센트였던 아파트 거주 비율은 2005년 52.5퍼센트가 되었다. 절반을 넘은 것이다.

아파트를 지어 파는 방식도 다른 나라에서는 유례를 찾아볼 수 없는 것이다. 아파트는 보통 사람의 인생에서 돈 주고 사는 것 중에서 가장 비싼 것이다. 아무리 비싼 고급 승용차를 사더라도 그 값이 아파트만큼은 되지 않는다. 옷을 한 벌 살 때도 우리는 고심에 고심을 거듭한다. 아무리 돈이 많아도 자동차처럼 돈이 많이 드는 재화를 구입할 때는 자동차를 직접 타 보기도 하고, 자동차에 대한 다양한 정보를 습득하면서 심사숙고를 거듭한 다음, 구입 여부를 결정한다.

그렇지만 아파트는 짓기도 전에 물건 구입을 결정해야 한다. 주로는 잘 나가는 예쁜 여자 연예인을 앞세운 광고를 보거나 모델하우스를

보고 선택해야 한다. 바로 한국에만 있는 '선先분양' 제도 때문이다. 삽질 한번 하지 않은 땅만 정해 놓고는 아파트를 살 사람을 모은다. 건설 회사는 그들에게 돈을 긁어모아 건축비 등을 충당한다. 건설 회사의 자본이 부족한 때라면 혹시 그러려니 하겠다. 하지만 지금은 건설 회사들의 돈이 넘쳐 나는 시대인데도, 세계적으로 유례없는 선 분양 제도는 요지부동이다.

소비자 입장에서는 그저 잘 꾸며진 모델하우스만 보고 자신의 인생에서 자기 돈으로 사는 가장 비싼 물건인 아파트를 사야 한다. 그런데 모델하우스란 게 소비자의 욕구를 가장 잘 유혹하는 장치들로 꾸며져 있어, 실제 분양되는 아파트와는 일정한 차이가 있다. 열에 아홉쯤은 모델하우스와는 딴판인 아파트에 입주하게 된다.

아직 만들지도 않은 고가의 제품을 파는 봉이 김선달식 판매의 일등 공신은 아파트 광고다. 아파트 광고를 하는 건설 회사들은 언론사 입장에서는 결코 무시할 수 없는 주요 고객이다. 건설 회사들이 여론의 흐름에까지 영향을 줄 수 있는 까닭이 여기에 있다. 건설사는 광고를 통해 언론에 영향을 미치고 언론은 정부 정책에 영향을 미친다. 주고받는 영향 속에 이익은 더 커진다.

아파트를 둘러싼 문제는 이것뿐이 아니다. 영화 〈디-워〉로 숱한 화제를 뿌린 심형래 감독의 개그맨 시절, 그는 '영구'로 통했다. 그가 인기 개그맨으로 이름을 날리는 동안 영구는 바보, 멍청이의 대명사였다. 그런데 주거 소외 계층을 위한 임대 주택에도 하필이면 이 '영구'란 말이 붙어 있다. 가난하단 이유로 멸시받는데다 사는 집의 이름마저 '영구'니, 그곳에 사는 아이들은 언제나 견디기 힘든 놀림과 차별을 당하고 살아야 한다.

임대 주택 주민들이 자기네가 사는 아파트 단지 안을 다니면 집값 떨어진다고, 임대 주택 쪽으로 높은 담장을 쳐 아예 다니지 못하게 하는 곳도 있고, 임대 주택 아이들과 일반 분양 주택 아이들을 한 학교에 다니게 할 수 없다고 항의 시위를 하는 학부모들도 있다. 부모들이 "저곳(임대 주택) 아이들과는 놀지 마라"고 자식들을 가르치는 것도 이제는 낯설지 않은 풍경이 되었다.

아파트의 왜곡과 기형이 많은 시민들의 삶을 왜곡과 기형으로 이끌고 있다. 큰 집의 편리함이란 게 기껏해야 이사한 첫날과 집들이 할 때나 느끼는 것일 텐데, 거기에 계급 상승의 만족감과 우월감이 보태지면 웃어넘길 수 없는 기괴한 상황이 벌어진다. 심한 출혈을 감수하고서라도 무조건 더 큰 평수의 아파트를 사려고 한다. 집을 보지도 않고 살 뿐만 아니라 사는 집의 원가도 모르고 알려 주지도 않는, 그런 이상한 사회에 우리는 살고 있는 것이다.

물론 정부의 부동산 대책이 더 큰 평수를 더 좋은 투자처로 만든 것도 이상한 흐름에 한몫을 했다. 돈이 모자라도 확실한 투자를 위해 융자를 받아 아파트를 사고, 융자금을 갚기 위해 허리띠를 졸라매면서 산다. 일반 서민들은 아끼고 또 아끼고, 나아가 인생 자체를 소모하다시피 하며 아파트에 매달리지만, 그렇다고 모두가 원하는 결과를 얻는 것도 아니다. 아파트로 돈을 버는 사람들은 따로 있다.

　아파트를 위해 사람이 사는 것도 아닌데, 단지 사람을 위한 주거 공간일 뿐인 아파트가 오히려 사람들 삶의 목적이 된 것 같다. 이웃을 위한 봉사라든가, 환경을 살리기 위한 활동, 혹은 인권을 위한 투신 같은 가치 있는 많은 일들을 모두 제쳐 놓고, 그저 소유만으로도 행복을 느끼는 한국 사람들을 참 소박하다고 봐야 할지, 참 어리석다고 봐야 할지 모르겠다.

자상한 국가, 경범죄처벌법

1954년에 만들어진 경범죄처벌법은 시시콜콜한 기초 질서 위반 행위를 처벌하고 있다. 기초 질서를 위반했는데 행정벌이 아니라 형사처벌을 하는 것도 이상하지만, 법규상 범죄가 된다는 행위들도 납득할 수 없는 것투성이다.

경범죄처벌법에 따르면 '물품 강매 및 청객請客 행위'를 금지하고 있다. "청하지 아니한 물건을 억지로 사라고 하는 사람", "청하지 아니한 일을 해주거나 재주 등을 부리고 그 대가로 돈을 달라고 한 사람", "여러 사람이 모이거나 다니는 곳에서 영업을 목적으로 떠들썩하게 손님을 부르는 사람"이 처벌 대상이다. 그런데 고급 백화점 정도를 빼고는 대부분 청하지 않아도 장사하는 사람들이 물건을 사라고 하고, 자기 물건을 팔기 위해 떠들썩하게 손님을 부른다. 그저 보통 사람들의 평범한 일상일 뿐인데, 이게 왜 처벌 대상이 되는지 모르겠다.

'과다 노출'도 금지한다. 조문을 보자. "여러 사람의 눈에 띄는 곳에서 알몸을 지나치게 내놓거나 속까지 들여다보이는 옷을 입거나 또는 가려야 할 곳을 내어 놓아 다른 사람에게 부끄러운 느낌이나 불쾌감을 준 사람"이 처벌 대상이다. 이런 사람들은 각종 시상식장 앞에 깔린 레드카펫을 밟는 연예인만이 아니라, 지하철이나 길거리에서도 흔히 볼 수 있다. 죄다 처벌 대상이 될 수 있다. 처벌 대상이 되는가 그렇지 않은가는 전적으로 경찰관 등 단속 공무원이 느끼는 주관적 감정, 즉 '부끄러운 느낌이나 불쾌감'에 달려 있다. 박정희 시절 미니스커트와 장발을 단속한 것도 단속 공무원의 불쾌감, 아니 사실은 대통령의 불쾌감 때문이었다.

칼, 쇠톱 등을 그저 갖고만 있어도 처벌받는다. 그런 물건을 범죄에 사용했다면 모르지만, 단지 범죄를 예비했다는 이유로 처벌받을 수 있다. 명백한 과잉 금지다. 심지어 '못된 장난'도 처벌받는데, 뭐가 못된 장난인지는 단속 공무원만이 알 터이다. 적어도 형사처벌을 하는 법률이려면 명확할뿐더러 합리적이어야 하는데, 경범죄처벌법에는 이런 기본이 없다. 못된 장난인지 아닌지는 전적으로 경찰관의 개인적 판단에 달려 있다.

구걸 행위를 처벌하는 것은 물론, 구걸 행위를 하지 않아도 단지 "귀찮게 하고 불쾌하게 한 사람"이라고 처벌받는다. '불안감 조성' 역시 처벌 대상이다. 그런데 조문을 보면 "귀찮고 불쾌하게 한 사람"이나 "고의로 문신을 노출시켜" 다른 사람에게 혐오감을 준 사람이 처벌 대상으로 되어 있다. 문신 있는 사람은 공중목욕탕이나 수영장 출입도 삼가야 한다. 고의로 문신을 노출시키기 때문이다. 그 문신이 볼 만한 것인지 험악한 것인지는 역시 경찰관의 판단에 따른다.

'인근 소란'은 "이웃을 시끄럽게 한 사람"을 처벌하는 규정인데, 시끄럽다고 느끼는 소음 역시 기준을 정하기 어렵다. 오케스트라 연주를 그저 소음이라고만 생각하는 사람도 있는 것처럼, 시끄럽다는 느낌은 주관적이기 때문이다. "악기·라디오·텔레비전·전축·종·확성기·전동기 등의 소리를 지나치게 크게 내거나 큰 소리로 떠들거나 노래를 불러 이웃을 시끄럽게 한 사람"이 처벌 대상이다. 교회나 사찰의 타종, 각종 점포의 호객 행위까지 죄다 처벌 대상이 된다.

이런 식의 조문은 쭉 이어지는데, 이런 범죄를 시키거나 도와준 사람도 똑같은 처벌을 받는다. 전형적인 국가형벌권 과잉이다. 이런 것까지 다 처벌하려면 경찰관 100만 명이 있어도 부족할 것이다.

그나마 다행인 것은, 경범죄처벌법 위반 행위를 단속하는 경찰이 아주 심한 무리는 하지 않는다는 것이다. 경범죄처벌법 사건에서 가장 자주 등장하는 것이 금연 장소 흡연, 오물 투기, 인근 소란, 무전취식, 무임승차, 음주 소란, 무단출입, 광고물 무단 부착, 노상 방뇨 따위인데, 위반자가 매년 대폭 줄어들고 있다. 곧바로 범칙금을 내게 하는 통고 처분의 경우 2002년에 40만 8천 건이었던 것이 2004년에는 10만 건 정도로 대폭 줄었고, 즉결심판 사건도 2002년에 7만 3천 건이었으나, 2004년에는 1만 3천 건으로 줄었다. 시민 의식이 성숙해지고, 경찰이 무리한 단속을 하지 않은 탓으로 급격히 줄어든 것이다.

그런데 웬일인가, 대통합민주신당의 유인태 의원을 비롯하여 김근태, 김부겸, 이인영, 임종석 등 민주화 운동에 참여했던 국회의원들이 중심이 되어서 경범죄처벌법 위반자가 경찰관의 '중지 명령'을 위반했을 때는 60만 원 이하의 범칙금을 물리게 하는 법률 개정안을 발의한 것이다. 지금까지 10만 원이었던 범칙금이 갑자기 6배나 뛴 것도 문제지만 핵심은 다른 데 있다. 형사소송법에 벌금 50만 원 이하의 경우 여간하지 않으면 현행범 체포를 못하도록 규정되어 있는 것이 '60만 원 이하'를 이해하는 열쇠다. 경범죄처벌법 위반자도 현행범으로 체포할 수 있는 길을 열어 놓자는 것이다. 앞에 적어 놓은 시시콜콜한 일을 하다가 현행범으로 체포되면, 꼬박 이틀(48시간) 동안 경찰서 유치장에 갇힐 수 있다.

법률 개정에 따른 시나리오는 간단하다. 한 상인이 시장에서 좋은 물건이 있다고 목청껏 소리치는데 경찰관이 다가와서 시끄러우니까 조용히 하란다. 경범죄처벌법이 있는지도, 또 경찰관의 중지 명령을 위반하면 어떻게 되는지도 알 수 없는 이 상인이 남의 장사에 당신이 무슨 상관이냐는 생각에서 계속 소리를 지른다면 그 자리에서 곧바로 체포될 수 있다. 이틀 동안 유치장에 갇혀 장사도 못하고, 60만 원 이하의 벌금은 벌금대로 또 내야 한다.

설령 청객 행위, 과다 노출, 노상 방뇨 등 이 법이 규정한 모든 행위가 사회적 지탄의 대상이 되고 민주 시민으로서 해서는 안 될 일이라고 치자. 그렇더라도 그런 일로 현행범으로 체포되고, 수갑 차고 경찰서까지 끌려가서 이틀 동안 갇혀 있게 된다는 것은 너무 끔찍한 일이다. 이런 법률 개정안을 주도하는 국회의원들이 한결같이 '민주파'라는 것도 끔찍하다.

24시간 기업하기 좋은 나라

　　　　　　　　　　　　　　　　　　사무실 앞 햄버거 가게의 간판에는 '24'
라는 큼지막한 글씨가 쓰여 있다. 1년 365일 24시간 쉬지 않고 영업을
한다는 거다. 덕분에 우리는 언제든지 즉석에서 만든 햄버거를 먹을 수
있는 호사를 누리게 되었다.

　　햄버거 가게 사장 입장에서는 밤에 문을 열든지 닫든지 월세가 나가
기는 마찬가지다. 그러니 이왕 점포와 시설도 다 갖춰 놓은 터라 약간의
인건비와 전기세 등만 조금 더 부담하면 영업시간이 느는 만큼 더 많은
이익을 낼 수 있기 때문에 당연한 선택일 게다. 인력이야 시간당 3,770
원짜리 알바생을 쓰면 충분하니 인건비가 부담스러운 것도 아니다.

　　시간당 3,770원은, 아르바이트라고 불리는 시간제 노동자가 받을
수 있는 급여의 최저 수준(2008년 현재)이다. 하루 8시간을 일한다고 쳤
을 때, 3만 160원이 되고, 하루도 쉬지 않고 한 달 내내 일해도 90만

4,800원밖에 되지 않는다. 한 달에 90만 4,800원을 갖고 인간으로서 최소한의 존엄성을 지키고 산다는 것은 매우 어려운 일이다. 생활에 필요한 최소한 물품을 구하는 데도 턱없이 부족한 액수다. 가수 정태춘이 이미 십수 년 전에 노래한 것처럼 "하룻밤의 화대로 1천만 원씩이나 뿌려대는 재벌의 아들들"과 비교하면 그야말로 껌 값에 불과하다. 숱한 영업장들에서, 사람답게 사는 것은 물론이고 최소한의 생활도 꾸리기 어려울 정도의 적은 액수를 지급하며 '알바'라는 시간제 노동의 특성을 악용하고 있다.

24시간 언제나 햄버거를 먹을 수 있는 편리함은 시급 3,770원을 벌기 위해 졸린 눈을 비벼 가며 밤을 새는 가난한 집 청소년들의 희생에 기댄 것이다.

한국에는 유독 24시간 영업을 하는 음식점 등 가게가 많다. 편의점은 아예 '24시간 내내 영업하는 소규모 잡화상'을 이르는 고유명사가 되었을 정도다. 더 많은 이익을 남기기 위해 단 1분도 쉬지 않고 24시간을 꼬박 영업하는 비결의 핵심은, 햄버거 가게와 비슷하게 초저임금의 '알바'를 고용하는 데 있다. 편의점이나 주유소, 또는 비록 단순한 노동의 반복이라 해도 사람의 손이 들어가야 하는 많은 영업장이 알바 노동자의 희생을 팔아 영업하고 있다.

사람이 살다 보면 새벽 3시에 가게에 가야 할 일도 있고, 새벽녘에 햄버거를 먹어야 할 때도 있을 터이다. 하지만 가끔씩 있는 그런 필요보다 훨씬 중요한 것이 있다. 즉 남들 다 쉬는 밤이 되면 가난한 집 아이들도 남들처럼 쉴 수 있는 권리이다.

어린이와 청소년은 가급적 노동하지 않고도 인간다운 삶을 누릴 수 있어야 한다. 부득이하게 일을 해야만 하더라도 그들의 노동은 각별한 보호를 받아야 한다. 그렇지만 현실에서 어린이와 청소년 노동은 천대받는다. 유명 브랜드의 햄버거 체인점을 경영하는 사람이라면 어차피 24시간 영업까지 하지 않더라도 먹고사는 데는 지장이 없을 거다. 그런데도 청소년들을 밤새 일하도록 하고, 그 졸리고 고된 노동에 대해서는 기껏해야 '애들 과자 값'이나 될까 하는 임금만을 지급한다는 것은 비도덕적인 일이다.

사람에게 분명한 수익이 눈앞에 있는데도 정의롭고 도덕적인 선택을 해야 한다고 요구하는 것은 사실 허망한 일이다. 저 아파트를 사두면 얼마 뒤에는 값이 크게 오를 것이 뻔한데, '주택의 공공성'이니 '아파트는 사 두는 것이 아니라 사는 곳이어야 한다' 따위의 도덕적 훈계가 힘을 쓸 수는 없다. 영업시간의 연장이 곧 수익 증대를 가져오는 뻔한 상황에서 청소년 노동을 보호해야 한다는 주장은 그저 지당하신 '공자님 말씀'에 불과하다. 세상에 도덕적으로 탁월한 사람들도 적지 않지만, 요구나 주장만으로는 공허하다. 개인의 선의에만 기대는 것만으로는 너무 부족하다.

다른 나라는 어떻게 하고 있을까. 정답은 규제이다. 아예 법률을 정해 매장의 영업시간을 규제해서 밤샘 영업이 불가능하도록 하는 거다. '기업하기 좋은 나라'가 무슨 국시 國是인 것처럼 여겨지는 나라에서 이게 무슨 가당치 않은 소리라고 생각하는 사람도 있을 것이다. 정부는 더욱 작아지고 시장은 더 커져야 한다는 주장이 대세인데, 무슨 시대역행적인 주장이냐고 할 수 있을지도 모르겠다. 그렇지만 많은 나라들에서는 이런 식으로 노동을 보호하고 청소년의 인권을 지키기 위한 법률 체계를 갖추고 있다. 어린 학생, 청소년들이 밤샘 노동으로 내몰려야 하는 나라에는 더 이상 희망이 없다는 것은 많은 나라들이 일찍이 깨달은 바다.

검문소, 청와대를 지켜라

＼검문소.

레바논, 버마, 수단, 아프가니스탄, 이라크, 팔레스타인 등 무력 충돌이 끊이지 않는 '슬픔의 땅'에서 흔히 볼 수 있다. 침략과 테러, 공격과 저항의 악순환이 계속되고 총성이 멎지 않는 곳에서는 이쪽이든 저쪽이든 안전을 담보하기 위해 길목마다 진을 치고 앉아 통행자의 짐 뒤짐을 하고, 출입을 허용해도 우리 편의 안전에 이상이 없는지를 확인하는 통과의례가 필요하다. 적어도 무력 충돌과 분쟁이 끊이지 않는 위험 지역이라면 그렇다.

그런데 한국의 경우는 다르다. 비록 세계 유일의 분단 국가라고 하지만, 전쟁이 끝난 지 65년이 지났다. 이따금씩 무력 충돌이 있기는 했지만, 이젠 모두 지난 일이 되고 말았다. 분쟁 지역을 빼고 검문소를 운영하는 나라는 한국밖에 없다.

검문소 설치는 박정희 시대에 본격적으로 시작되었다. 북의 남침을 경계하기 위한 것만은 아니었다. 북의 침략에 대비하는 준비는 휴전선 인근에 집중되어 있다. 서울 광화문, 구체적으로는 청와대를 정점으로 하여, 청와대를 향하는 길목마다 검문소가 세워졌다. 경기도 벽제 지역에서 구파발로 들어오는 길목에 설치된 검문소는 남쪽으로의 이동을 점검하기 위한 것이니 자연스러울 수도 있지만, 한강 다리마다 설치된 검문소의 기능은 북쪽으로의 이동을 점검하기 위한 것이었다. 명분은 북한의 남침에 대비하기 위해, 곧 국가 안보를 위해 설치했다고 하지만, 실질은 청와대로 향하는 군의 움직임을 상시적으로 점검하고 통제하기 위한 것이다. 검문소를 통해 간첩을 색출한다고 하지만, 검문소를 통과하다가 순순히 잡혀 줄 간첩이 있기나 한지 모르겠다.

자신이 탱크를 몰고 한강 다리를 건너 쿠데타를 일으켰던 장본인으로서, 박정희는 혹시 자신의 뒤를 따르는 후배가 있을까 언제나 전전긍긍했다. 검정 선글라스 끼고 '구국의 결단'으로 한강 다리를 넘어 청와대를 접수하였던 자신을 벤치마킹하려는 어떤 움직임도 사전에 봉쇄해야 했다.

육군방첩부대를 1968년 육군보안사령부로 확대 개편하고, 1977년 국군보안사령부(지금의 국군기무사령부)를 창설한 것은 간첩 색출이 아니라, 군의 동태를 일상적으로 감시하기 위한 것이었다. "도둑이 제 발 저린다"는 속담이 딱 들어맞는 대목이다.

군사 쿠데타를 더 이상 걱정하지 않아도 된 시절에는 군과 경찰이 합동으로 검문소를 운영하면서, 강력 범죄자 검거를 위해 활용한다고 했다. 하지만 간첩의 경우와 마찬가지로 바보가 아닌 다음에야 검문소를 통과할 까닭이 없다.

결국 남는 기능은 기소 중지자나 벌금 미납자 검거가 거의 전부다. 고소 고발을 당한 사람이 수사 기관에 출석하지 않으면 기소 중지자가 된다. 수사 기관 입장에서 소재 파악이 어려운 사람이지, 이들이 곧 범죄자는 아니다. 이들의 경우 죄를 지었다는 의식도 없고, 벌금을 냈는지 기억도 가물가물하고 해서 아무 생각 없이 검문소를 통과하다가 주민 등록번호나 차량 번호를 조회한 경찰에 의해 체포되는 것이다.

수사 기관 입장에서는 원활한 수사를 위해 피의자의 신병을 확보하고, 형 집행력을 높이기 위해 벌금을 내지 않은 사람들을 끝까지 추적하여 벌금을 받아 내는 것도 중요할 터이다. 하지만 이런 법 집행 기관의 편의 때문에 일상생활을 영위하는 시민들이 무차별적으로 감시를 당하고 검문을 당할 이유는 없다. 검문소 때문에 교통 체증이 빚어지고, 아까운 시간과 기름을 이렇게 쓸데없는 일에 낭비할 까닭도 없다.

금연을 강요하는 교도소

형사 사건에 연루되어 감옥(감옥은 예전에 쓰던 말이다. 지금은 교정 시설이라고 써야 맞다. 하지만 아직 혐의만 있을 뿐 죄가 있는지의 여부가 결정되지 않은 미결수들을 생각하면 적당한 표현은 아니다. 여기서는 구치소, 교도소, 소년원 등의 구금 시설을 함께 그냥 감옥이라고 쓴다. 교정직 공무원 등 관계자들의 양해를 바란다)에 가게 되면 자기 의지와 상관없이 담배를 끊어야 한다. 담배 피우는 것이 금지되어 있기 때문이다.

왜 담배를 피우지 못하게 하는 걸까. 술이나 마약이라면 또 모르겠다. 집단생활을 하는 사람들이 술을 마시고 자제하지 못해서 재소자들끼리 충돌이 일어나거나 또는 통제하기 어려운 상황이 생길지도 모르는 일이다. 술은 확실히 흥분제 역할을 하기도 한다. 그렇지만, 담배는 흥분제가 아니라 진정제이다. 술을 마시고 '욕정을 이기지 못해'(이 표현은 강간 사건을 다루는 수사 기관의 조서에 자주 등장하던 말인데, 여성 단체의 지속적인 문제제기로 앞으로는 볼 수 없게 되었다) 범죄를 저지르는 사람은 있을지라도, 담배를 피우고 감정을 억누르지 못하는 경우는 없다. 오히려 많은 사람들에게 담배는 흥분을 가라앉히는 역할을 하기도 한다.

나 또한 그러한 경험이 있다. 군기가 한참 빠진 말년 병장 시절, 며칠 동안 야외로 훈련을 다녀온 날이었다. 대개는 고된 훈련 후 부대로 복귀하면, 밖에서 고생했으니 이날만은 간섭도 하지 않고 편히 쉬게 해 준다. 그런데 웬일인지, 잠들기 직전 일석점호 때 총기부터 각종 지급품에 대한 검사를 하는 게 아닌가. 아뿔싸, 내 총이 없는 거다. 군인이 총을 잃어버리다니, 큰일이었다. 잠도 못 자고, 내 총 한 자루를 찾기 위해서 부대가 발칵 뒤집혔다. 야외 훈련장에 놓고 온 것이 아닌가 싶어, 아예 부대 밖으로 총을 찾으러 가기도 했다. 하지만 그렇게 난리를 쳤어도 총은 발견되지 않았다.

잃어버린 총을 찾는 데 어느 정도 지쳐 갈 무렵, 아니 사실은 총기 분실 문제를 상급 부대에 보고해야 할 때가 턱밑까지 차올랐을 때, 일직 사관이 나를 불렀다. 자리를 권하고는 여태까지와는 다른 부드러운 얼굴로 담배를 한 대 권하는 것이 아닌가. 천천히 피우면서 생각해 보라는 거였다. 그런데 이게 웬일인가, 한 모금 들이마시자마자 내 총이 어디에 있는지 생각난 거다. 나는 대대의 병기계였다. 야외 훈련을 다녀오면 간부들의 총기를 무기고에 갖다 넣는 일도 내 몫이었다. 그런데 간부들의 총 열 자루인가를 한꺼번에 무기고에 넣으면서 깜빡하고는 들고 있던 내 총까지 함께 넣어 버렸던 것이다. 내 총이 혹시 무기고에 있을 수도 있다는 생각이 든 것은 전적으로 담배 한 모금 때문이고, 그것은 나를 위기에서 구해 준 은인이었다.

담배가 몸에 해로운 것은 누구나 아는 일이다. 가급적 피우지 않아야 한다는 것도 맞다. 그렇지만 성인들이 담배를 피우는 것은 나름대로 존중해 주어야 할 선택이다. 국가의 역할은 가급적 피우지 말라고 권하는 것에 그쳐야 한다. 좋지 않은 것이라도 기호품인 만큼 그 선택은 전적으로 개인의 몫이다. 따라서 범죄를 저질러 그 죗값을 치러야 하는 수형자受刑者라고 해서 담배까지 피우지 못하게 할 근거는 없다. 수형자가 아닌 미결수용자의 경우에는 더더욱 그렇다.

감옥에서 담배를 피우지 못하게 하는 이유를 도대체 모르겠다. 화재의 위험 때문이라면, 커다란 물통이 있는 방 안이나 스프링쿨러가 설치된 방에서만 피우게 하는 등 얼마든지 해결할 방법이 있을 것이다. 죄를 지은 한 개인에게 국가가 그저 치사한 보복을 하는 것 말고 다른 이유는 찾아보기 힘들다. 다른 나라의 감옥에서는 술이나 마약은 모르지만, 담배 같은 기호품을 제한하지는 않는다.

담배를 피우는 것도 시민의 행복추구권에 해당한다. 그런데 국가가 재소자에게 흡연을 금지하려면, 곧 재소자가 된 시민의 기본권을 제한하려고 한다면 헌법 제37조의 규정에 따라야 한다. 곧 국민의 자유와 권리도 국가의 안전 보장, 질서 유지 또는 공공복리를 위하여 필요한 경우에 한하여 법률로써 제한할 수 있다. 그런데 재소자의 생활 전반을 규정하고 있는 행형법에는 재소자의 흡연을 금지한다는 조문이 없다. 법률로써만 기본권을 제한할 수 있는데, 재소자의 금연 수칙은 법적 근거도 없는 것이다.

그렇다면 재소자의 흡연 금지는 명백한 위헌이다. 법률이 아니기 때문에 시행령의 규정만으로 담배를 피우지 못하게 할 수는 없겠지만, 행형법 시행령에조차도 담배에 대한 언급은 없다. 행형법 시행령은 5일에 한 번(동절기에는 7일에 한 번)씩 목욕을 해야 한다는 시시콜콜한 내용까지 자세히 나와 있지만, 담배를 소지하거나 피우면 안 된다는 내용은 없다.

한마디로 그냥 피우지 못하게 하는 거다. 오래전 일제 시대 때부터 그랬으니까, 또는 담배가 몸에 좋은 것도 아니라는 따위의 궁색한 변명 말고 왜 담배를 피우면 안 되는지에 대한 책임 있는 설명을 누구도 못하는 까닭이 여기에 있다.

이미 성인이 되었는데, 재소자라고 해서 금연을 강제하는 나라는 한국뿐이다. 금연 강요가 옳은지 아닌지에 대한 판단 이전에, 최소한의 법적 근거도 없이 못 피우게 하는 이유를 정말 모르겠다.

보이기는 싫어도 보고 싶다

서울 강남구에서 시작된 길거리 방범용 CC-TV가 부쩍 늘고 있다. 경찰청 자료에 따르면 2005년 1,978대였던 것이 2006년 8월말 현재 3,743대로 늘었다. 놀라운 증가세다. 길거리 방범용 CC-TV의 원조격인 강남구에만 372대가 있다. 전국에 설치된 카메라 10대 중 1대가 강남구에 있는 것이다.

그렇지만 전국에 방범 목적으로 설치된 CC-TV 카메라가 몇 대인지는 사실 누구도 모른다. 앞의 통계는 전국의 경찰서가 직접 관장하는 카메라 대수일 뿐이다. 개인이나 단체, 또는 기관이 길거리에 설치한 것이 얼마나 되는지, 주차장, 지하철, 버스, 공공장소, 회사 같은 곳까지 합하면 그것이 또 얼마나 되는지 누구도 모른다. CC-TV 설치는 법의 통제를 받지 않기 때문이다. 서울메트로가 운영하는 지하철 117개 역사에 2,365대의 CC-TV 카메라가 설치되었다든지 하는 극히 일부만 확

인할 수 있을 뿐이다.

주민을 대상으로 한 과학적인 설문조사를 제대로 한 적은 없지만, 길거리에 방범용으로 CC-TV를 다는 것에 대해 물으면 대체로 70퍼센트 이상은 찬성할 듯 보인다. CC-TV를 설치하면 범죄 예방과 범인 검거에 효과가 있다는 믿음 때문이다.

실제로도 효과가 있을까. 강남경찰서는 강남구의 총 범죄 건수가 대폭 줄었는데, 그것이 바로 CC-TV 설치의 효과라고 말한다. 심지어 어떤 서장은 "경찰관 열 명보다 CC-TV 한 대가 더 낫다"는 말을 하기도 했다. 그렇지만, 꼼꼼히 살펴보면 과연 CC-TV 효과 때문인지는 의문이다. 강남구의 범죄 통계를 보면 강·절도는 줄었지만, 살인과 강간 사건은 오히려 늘었다. 범인 검거율도 CC-TV가 한 대도 없는 중랑경찰서가 93.9퍼센트인데 비해, 강남경찰서는 86.2퍼센트, 수서경찰서는 71.3퍼센트밖에 안 된다. 검증된 효과가 있다고 볼 만한 근거는 어디에도 없다.

더 큰 문제는 길거리를 다니는 모든 시민이 예비 범죄자로 간주되어 경찰의 감시를 받는다는 것이다. 주권자요 납세자이며, 경찰 서비스의 수혜자인 시민이 경찰에게 받는 대접치고는 너무 고약하다.

24시간 촬영에 줌인$^{zoom-in}$ 기능과 365도 회전까지 가능한 고성능 카메라는, 카메라를 통제하는 사람이 마음만 먹으면 얼마든지 남의 집 안방까지도 엿볼 수 있다. 법률적 근거가 없기 때문에 무엇을 촬영하는지, 촬영한 녹화물을 어떻게 하는지에 대한 규정도 전혀 없다.

CC-TV 판매업자들의 로비 때문인지, 아니면 효과는 어떻든 간에 무언가 시민들의 안전을 위해 열심히 일한다는 증거를 보여 주고 싶은 자치 단체장, 지방 의원, 경찰의 전시 행정을 위한 과욕 때문인지 CC-TV 카메라는 계속 늘고 있다.

시민들은 일방적으로 CC-TV 카메라에 촬영 당하는 처지에 있다. 그런데도 시민들은 자신이 촬영 당한다는 사실을 의식하지도 못하고, 자신이 촬영 당하는 것이 어떤 문제인지도 모른다. 왜냐면 철저하게 CC-TV를 촬영하는 사람의 관점에 서 있기 때문이다. 일반인들이 CC-TV에 대해 알 수 있는 계기는 텔레비전 뉴스를 통해 보는 CC-TV 녹화물이 전부이다. 녹화물은 당연히 찍히는 사람이 아니라 찍는 사람의 관점을 갖고 있다. 처지는 찍히는 사람이지만, 인식의 계기는 찍는 사람의 편에서 마련되는 것이다.

나는 새벽에 신문 읽기를 즐겨한다. 집 앞에는 도로가 있지만, 새벽 길은 인적이 드물다. 옷을 다 갖춰 입기 싫을 때는 그저 속옷 바람에 문을 열고 나가 신문을 가져온다. 물론 남들 눈을 의식해 동작은 빨라진다. 만약 그 장면을 누군가 보고 있다면, 그냥 보고 있는 것이 아니라 동영상 촬영을 하고 있고, 그 녹화물을 어디에 쓸지도 모른다면. 그 장면을 보고 저들끼리 앉아서 낄낄대고 있다면 나는 도대체 뭐가 되나?

꼭 나쁜 짓을 하거나 범죄를 저질러서가 아니라 사람에게는 누구에게나 남에게 보여 주고 싶지 않은 자신만의 세계가 있다. 헌법이 사생활의 비밀을 중요한 기본권으로 확인하는 것도 자신만의 세계가 노출될 때 겪는 개인의 고통을 막자는 뜻이다. 내가 어디를 걷든, 단정한 옷차

림이 아닌 채로 어디론가 빨리 걸어가든, 음악을 들으며 콧노래를 흥얼거리든 그건 나만의 세계에 머물러 있어야 한다. 그걸 누군가, 그것도 국가가 들여다보고 녹화까지 해둔다면, 나를 지켜보는 감시의 눈을 의식할 수밖에 없다. 국민이 국가의 주인인데도 국가의 눈을 끊임없이 의식해야 한다.

국가가 어떤 이유에서든 시민을 일상적으로 감시하는 사회는 바람직한 사회가 아니다. 세계 최저 수준의 범죄율, 세계 최고의 치안 수준을 유지하는 한국에서 (세계적으로 영국을 제외하고는 유례가 없는) 이런 특별한 감시 장치를 작동해야 하는 이유를 알다가도 모르겠다.

불가촉천민을 대하는 방법

정권을 장악한 전두환 일파가 했던 파
격적인 일은 한둘이 아니다. 전격적으로 취한 과외 금지 조치도 그랬지
만, 사회악을 일소 하겠다며 '삼청교육'이란 이름으로 양민들을 잡아
다 가두고 군부대에서 유격 훈련을 시키는, 누구도 쉽게 상상하기 힘든
일을 벌이기도 했다. 끌려간 사람들은 주변에서 흔히 만날 수 있는 평범
한 시민들이었다. 평소 경찰관에게 미운털이 박힌 사람, 몸에 문신이 있
는 사람, 이런저런 이유가 아무것도 없는 사람, 그냥 길을 가던 사람 등
이었다. 아무런 근거도 없이 광범위한 인권 침해를 무차별 자행했다. 삼
청교육대란 곳으로 얼마나 많은 사람이 끌려갔는지, 끌려가서 얼마나
많은 사람이 죽거나 다쳤는지 지금까지도 정확히 알려지지 않고 있다.

신군부가 삼청교육대로 잡아온 사람들을 안정적으로 더 오래 가두
기 위해서는 법이 필요했다. 그래서 생긴 법이 사회보호법이다. '사회를

보호하는 법'이란 좋은 이름을 가진 이 법률은 일단 형을 선고받은 사람이어도 누범累犯인 경우에는 7년 이하의 '보호 감호'를 할 수 있게 한 법률이었다. 즉 죗값을 치렀어도 범죄를 저지를 가능성이 있다는 이유만으로 다시 몇 년씩 감옥에 가두는 무서운 법률이었다. 숱한 인권 침해를 낳은 사회보호법은 2005년 폐지될 때까지 자그마치 25년 동안이나 우리 사회에 커다란 해악을 끼쳤다.

신군부는 사회보호법의 적용을 받는 사람들을 가두기 위해 처음에는 무인도에 엄청난 규모의 감옥을 만들려고 했다. 죄를 짓고도 뉘우치지 못하고, 또 죄를 진 사람들은 그런 곳에 격리해야 한다는 거였다. 그런데 경북 청송 출신의 국회의원이 로비를 해 당시는 물론 지금도 오지인 경북 청송군 진보면에 자리를 잡게 되었다. 1, 2, 3 세 개의 감호소가 한꺼번에 생겼다. 국내 최대, 아니 동양 최대의 대규모 구금 시설이었다. 주왕산 자락에 세워진 이 시설은 앞에는 작은 강이 흐르고 뒤에는 높이 산이 있어 들어가는 사람들을 주눅 들게 하는 곳이다. 입구를 지나며 주변 지형을 보면서 들어갈 때는 쉽게 들어가지만 나올 때는 결코 만만치 않겠다는 것을 절감한다. 도로가 많이 좋아진 지금도 인근 도시 안동까지 나가는데 한 시간이 걸릴 정도로 오지에 자리 잡고 있다.

일제 시대 한센병 환자들을 대하는 방법도 마찬가지였다. 조선총독부는 전국의 한센병 환자를 한곳에 모아 격리하겠다는 방침을 정하고, 격리에 용이한 섬을 찾았다. 전남 고흥군 도양읍에 딸린 작은 섬 소록도. 면적은 4.42제곱킬로미터. 해안선 길이는 14킬로미터이다. 마침 이

곳에는 외국인 선교사들이 한센 환자들을 위한 요양원을 운영하고 있었다.

일제는 1916년부터 소록도에 한센 환자들을 강제로 격리, 수용하였다. 전국 곳곳에서 한센 환자들에 대한 검문검색을 실시했고, 붙잡히는 사람들은 가족과 생이별을 해야 했다. 소록도로 끌려간 한센 환자에게 적용된 원칙은 단 하나, '평생 격리 원칙'뿐이었다. 일단 들어가면 나올 수 없었다. 죽어서라도 고향 땅에 묻힐 수 없는, 그야말로 죽어도 나오지 못했다.

그들을 잡아다 가둔 근거는 없다. 한센균은 전염 가능성이 거의 없기 때문이다. 이유라면, 그저 보기 싫다는 것. 그것이 이유의 전부였다. 멀쩡하게 생업에 종사하며 가족과 함께 잘살고 있는 사람들을 '불가촉천민'으로 만들어 놓고, 그러니 격리해야 한다고 했다.

한센병 환자에 대한 격리는 대한민국 건국 이후에도 별로 달라지지 않았다. 1만 명 가까운 환자들이 국민이 아닌 이상한 존재로 낙인 찍혀 섬 안에만 갇혀 살아야 했다. 그들이 감당해야 한 것은 일상적인 구타와 고문, 학살, 그리고 강제 정관수술, 강제 노역의 연속이었다.

1992년 한국은 한센병에서 완전히 자유로운 나라가 되었다. 사회보호법도 2005년 폐지되었다. 한센병 환자나 사회보호법의 적용을 받아 억울하게 갇혔던 사람들에 대해 국가는 지금까지 아무런 조치도 취하지 않고 있다. 사과도 보상도 없다. 그래도 시간이 흘러 상처는 조금씩 아물어 가고 있다. 그렇지만 법률적으로나 과학적으로 아무런 근거도 없이 자기네들 마음에 들지 않는다는 이유만으로, 다만 자기와 생김새가 약간 다를 뿐이건만 잘못되었고 틀리다면서 상대를 '불가촉천민'으로 만들고는 내쫓아 격리하는 방식의 국가 폭력은 아직도 계속되고 있다.

이제는 동성애자 등 성소수자들이 일부 종교의 광신도에 의해 '치유 받아야 할 병을 가진 환자'이며 '비윤리적인' 사람으로 매도되고 있다. 사랑을 가장 큰 가르침으로 해야 할 기독교 신자들이 다른 사람의 성적 지향에 대해 무서운 폭력의 칼날을 휘두르고 있다. 그들은 차별금지법(안)의 차별 금지 목록에서 '성적 지향'을 빼버리는 막강한 현실적 힘을 보여 주기도 하였다. 차별해도 좋다는, 아니 차별해야 한다는 그들의 광기는 범죄자와 한센병 환자를 다루는 전두환과 일제(그를 따른 대한민국)의 그것과 꼭 닮았다. 너무나 무섭다.

세계 최고의 순도로 일하는 검찰

세상을 떠들썩하게 했던 신정아 전 동국대 교수. 미국에서 돌아오자마자 검찰청사로 직행해 조사를 받았던 그에게 구속 영장이 청구되었다. 혐의는 학위 위조와 관련된 사문서 위조, 업무 방해 등이다. 법원이 신 씨에 대한 영장을 기각하자, 검찰은 강하게 반발했다. '사법 무정부 상태' '사법 정의 포기' 등의 막말도 쏟아졌다.

이런 검찰의 주장은, 구속을 하지 않으면 수사를 할 수 없고, 따라서 국민적 의혹도 해소할 수 없다는 것이었다. 나쁜 짓을 하면 당연히 구속해야 한다고 생각하는 사람도 많지만, 구속 자체는 형벌이 아니다. 다만 원활한 수사를 위해서 피의자를 붙잡아 두는 특별한 조치에 불과하다. 도망치거나 증거를 없앨 우려가 있을 때만 할 수 있는 것이다. '해야 하는' 것이 아니라, '할 수 있는' 것이다.

현실적인 힘은 세지만, 공소의 제기와 유지를 담당하는 행정기관인 검찰이 사법부에 대해 이런 식의 막말을 쏟아 내는 것은 3권 분립의 대원칙을 우습게 아는 오만한 태도에서 비롯된 것이다.

공화국인 한국 안에는 또 다른 공화국이 있다. 바로 삼성 재벌과 검찰이다. 홍세화의 지적대로 공화국이 아니라 왕국이나 왕조로 불리는 게 맞겠지만, 이름이야 어떠하든 삼성과 더불어 검찰이 가지는 지위는 그야말로 막강하기만 하다.

한국의 검찰은 범죄 수사, 기소 독점, 기소 편의의 권한을 함께 가지고 있으며, 법적 근거도 없는 상태에서 범죄 예방 활동까지 하고 있다. 국민 생활과 관련된 법의 집행을 주관하며 검찰, 인권 옹호, 보호 관찰, 소년 보호, 출입국 관리, 사법 시험, 국가 송무 등의 업무를 관장하는 기관인 법무부도 사실상 장악하고 있다. 법무부의 업무관장 목록에 검찰도 들어 있지만, 현실은 법무부가 검찰을 통제하는 것이 아니라, 검찰이 법무부를 장악·통제하고 있다. 다른 나라의 경우에는 검찰이 단순한 공소 제기와 재판 업무에만 관여하기도 하고, 검찰에 대한 시민적 통제도 다양하게 작동하고 있다.

말로는 간단하게 기소 독점, 기소 편의라고 하지만, 죄가 있는지 없는지를 묻기 위해 재판에 붙일 수도 있고, 붙이지 않을 수도 있는 배타적인 권한은 막강한 것이다. 검찰에 의해 죄가 있다는 혐의를 추궁 받는 경우에는 아무런 죄가 없는 사람도 스스로 죄가 없음을 입증해야 한다. 죄 없는 사람이라 해도 스스로 죄 없음을 입증한다는 것은 쉬운 일이 아

니다. 조사받고, 재판받는 일도 보통 일은 아니다. 비용과 시간이 너무 많이 들고 사람을 황폐하게 한다.

원칙적으로는 검찰의 이런 막강한 권한을 통제하는 안전장치가 법원이다. 그렇지만 신정아 사건처럼 법의 원칙과 인권 보호의 원칙에 따라 검찰의 주문과 다른 결론이 나는 경우는 매우 이례적이다.

한국의 형사 사건 무죄율은 2005년 현재 0.18퍼센트이다. 곧 한국의 검찰은 형사 사건 피의자를 재판에 붙이면 99.82퍼센트 유죄를 받아낸다는 것이다. 무죄율 0.18퍼센트란 통계는 한국의 검찰이 그만큼의 순도와 완성도를 갖고 일한다는 반증으로 쓰이고 있기도 하다. 검찰의 말을 직접 들어보자.

"대한민국 검찰은 범죄 혐의 없는 사람들이 재판대에 서는 고통을 겪지 않도록 충분한 수사를 통해 혐의 유무를 결정하고 있다. 대한민국의 형사 사건 무죄율은 2005년의 경우 0.18퍼센트로 통상 전체 기소 사건의 1퍼센트에 훨씬 못 미치고 있다."

(2006년 11월 24일, 론스타 사건과 관련하여 검찰이 발표한 보도 자료에서)

국민에게 위임받은 권한을 행사하는 국가 기관이, 그리고 국민의 혈세로 먹고사는 공무원들이 이 정도로 높은 순도로 치열하게 일하고 있다는 것은 국민 입장에서는 무척 기분 좋은 일이어야 한다. 그런데 사실은 전혀 그렇지 않다.

무죄율이 매우 낮은 것은 기본적으로 법원이 검찰의 수사 결과를 너무 신뢰하기 때문이다. 검찰 단계에서 작성한 조서는 법원에서 증거 능력을 갖고 있다. 공판정에서 피고인이 자신의 목소리로 혐의를 부인해도, 검찰에서 작성한 조서에서 자신의 혐의를 시인했다면, 유죄 증거가 된다. 밀실에서 검사와 검찰 조사관들에게 둘러싸여 자신을 방어하기 힘든 상황에서 작성된 문서가 공개된 재판정에서 판사 앞에서 한 진술보다 유무죄 판단에 더 영향을 미친다는 것은 이상한 일이지만, 적어도 한국에서는 엄연한 현실이다.

검찰의 공소장과 전혀 다른 새로운 논리를 전개하며 판결문 쓰는 것을 부담스러워하는 판사들의 태도도 문제이다. 너무 많은 사건을 다루고 있고, 관계자들의 진술이 상반되니 신이 아닌 이상 판단을 내리기 어렵다는 이야기도 자주 나온다. 그래서 선고 유예 등을 통해 유죄이기는 한데, 실제 처벌은 받지 않는 판결을 내리는 경우도 많다. 어쨌거나 법원이 얼마나 제 역할을 하지 않으면 검찰이 99.82퍼센트의 순도로 일하고 있다고 보도 자료까지 내어 자랑하고 있을까. 한심한 일이다.

번호에도 계급이 있다

2008년 베이징올림픽은 8월 8일 오후 8시 8분 8초에 개막된다. 8자가 여섯 번이나 겹치게 했다. 유독 숫자에 강한 집착을 보이는 중국인다운 발상이다. 새해 복 많이 받으라는 인사 대신 "궁시파차이恭禧發財", 곧 돈을 많이 벌라고 새해 인사를 건넬 만큼 중국인이 가장 좋아하는 단어는 파차이發財다. 파차이의 '파'는 된소리로 숫자 8의 발음인 '빠'와 비슷하기 때문에 중국인들은 8자를 좋아한다. 베이징올림픽 개막식 시각을 8자를 여섯 번이나 겹쳐 놓은 것은 올림픽이 중국의 경제 발전에 기폭제가 되었으면 하는 솔직한 바람을 담고 있다. 1964년 일본의 도쿄올림픽이나 1988년 한국의 서울올림픽처럼 2008년 중국의 베이징올림픽이 '국운國運 상승'의 계기가 될 것이라 희망하고 있는 것이다.

숫자에 대한 집착은 서구인들도 만만치 않다. 창조주가 6일 동안 세상을 만들고 7일째는 쉬었다고 해서 유래된 행운의 숫자 7, 예수를 팔아먹은 유다를 상징하는 재앙의 숫자 13 등은 이미 모르는 사람이 없을 정도이다.

이런 숫자에 대한 집착은 한국에 와서 더욱 도드라진다. 4라는 숫자가 죽음을 뜻하는 사死 자와 소리가 같다고 해서 아예 건물마다 4층을 없애고 F^{four}층이라고 하는 경우가 많다. 유독 미신을 잘 좇는다고 알려진 이건희 회장의 뜻에 따라 삼성그룹이 본관 건물에 4층과 13층을 없애고, 26층짜리 건물을 28층으로 부른다든지 하는 사례에서 숫자에 대한 집착을 확인할 수 있다. 그래도 이 정도는 복을 빌고, 재앙을 피하고 싶은 사람들의 마음을 담은 애교 정도로 봐줄 수 있다. 조금 헷갈리기는 해도 다른 사람에게 피해를 주는 것도 아니기 때문이다.

그렇지만 번호가 곧 그 사람의 지위를 말해 준다고 믿는 경우에는 좀 고약하다. 군부대는 부대장이 1호차, 나머지 간부와 참모들은 2호차, 3호차 하는 식으로 서열에 따라 자동차 번호판이 다르게 되어 있다. 장군들은 번호도 없이 그저 별이 그려진 판을 붙이고 다닌다. 별 하나, 별 둘, 별 셋, 별 넷 하는 식의 번호가 적히지 않은 번호판을 단 차량이 교통 신호를 위반하면 어떻게 하지. 전국의 장군들이 함께 연대 책임을 지나?

군인들의 쿠데타 성공으로 시작된 군사 정권은 3부 요인 등의 자동차 번호판도 군대식으로 정해 버렸다. 대통령은 1001, 국회의장 1002, 대법원장 1003, 기피 숫자인 4자는 하나 건너뛰고 1005는 국무총리 하는 식으로 서열에 따라 근사하게 번호를 매겼다. 하지만 지금 대통령 전용차의 번호판은 1371 등 무의미한 숫자가 적혀 있거나, 다만 대통령을 상징하는 표장인 봉황과 무궁화가 그려져 있을 뿐 아무런 숫자도 적혀 있지 않는 경우도 있다. 국회의장도 1001 번호판을 달고 있다. 예전처럼 헌법상 3권 분립의 원리는 아랑곳하지 않고 각부 요인의 번호판으로 위계와 서열을 정해 버리는 유치한 일은 없어졌지만, 좋은 번호에 대한 높으신 분들의 선호는 그대로다.

대통령은 최고의 사람이라는 뜻에서 1001을 쓰던 때나, 아예 번호판조차 달지 않는 지금이나, 시시껄렁한 번호판 따위에서 권위를 찾는 발상이 우습기만 하다.

이런 우스꽝스런 대열에 지방자치 단체장이라고 빠질 수는 없나보다. 민선자치 단체장들도 1000(경기도 지사), 2002(부산 시장), 9009(인천 시장) 등의 번호를 선호하고, 재벌 회장들도 7777이니 1111이니 하는 눈에 확 띄는 번호를 좋아한다.

이상한 일이다. 자동차 번호는 자동차 등록 사업소에서 서류 접수 순서에 따라 컴퓨터 추첨을 따라 자동 배정하게 되어 있다. 시민의 선택권은 단지 짝수냐 홀수냐만을 고를 수 있다. 그가 누구이든 간에 '호감 번호판'을 배정받은 것은 규정에 어긋난 특혜가 있었던지, 아니면 비리의 산물일 수밖에 없는 것이다.

튀는 '호감 번호판'의 효과라는 게 기껏해야 관공서에 드나들 때마다 직분에 맞는 대접을 받을 수 있다는 정도일 텐데, 국민의 공복을 자처하는 사람들이 꼭 이런 식으로 대접을 받아야만 좋을까? 권위주의적 발상이 답답하기만 하다. 게다가 기름 한 방울 안 나는 나라에서 국민의 세금으로 굴러다니는 관용차인데도 큰 차만을 선호하는 것도 이해하기 힘들다.

관공서에서 쓰는 구내 번호도 고스란히 계급을 드러낸다. 네 자리 숫자라면 1001은 장관, 1002는 차관, 1003은 차관보 하는 식으로 정확히 위계를 확인시켜 주고 있다. 높은 자리일수록 더 근사한 번호를 차지해야 하고, 번호만으로도 위계를 분명히 알려 주고 싶어 하는 관료들의 행태는 군사 정권 때 정치군인들이 하던 그것 그대로이다. 자리나 숫자가 아니라 하는 일이 빛나고 사람 자체가 빛나는 풍토가 아쉽기만 하다.

양극화, 그리고 희망마저 빼앗긴 사람들

20 대 80, 또는 10 대 90의 사회가 되었다고 한다. 1997년 금융 위기와 IMF 사태를 겪으면서 우리 사회는 아주 빠른 속도로 양극화되었다. 양극화는 부자는 더 부자가 되고 가난한 사람은 더 가난해지고, 이른바 중산층은 붕괴되는 고약한 현상이다.

IMF 때를 제외하고 한국 경제는 안정적인 성장을 계속해 왔다. 수출 실적의 증가는 놀라울 정도이고, 우리를 절망에 빠트렸기에 지금껏 관심의 대상이 되는 외환 보유고는 매일처럼 건국 이래 최고치의 기록을 바꿔 가고 있다. IMF 당시 200선까지 떨어졌던 코스피 지수는 미국의 경기 불안 등의 이유로 예전만 못하다고 하지만, 2008년 3월 현재 1700선에 이르고 있다.

노무현 전 대통령이 거듭 억울해 했던 것처럼 지표로 본 한국 경제의 성적은 괜찮다. 그렇지만 이 좋은 성적에도 불구하고 양극화는 오히

려 심화되고 있다.

'기업하기 좋은 나라'라는 근사한 구호로 대표되는 시장 권력의 확대와 최소한의 균형감을 상실한 '자유'의 확대는 노동시장의 양극화를 가져왔다. 대기업 노동자들은 더 많은 소득을 보장받게 되었지만, 중소기업 노동자들은 더 어려운 처지에 몰리게 되었다. 정규직과 비정규직의 격차도 나날이 커져가고 있다. 소득의 양극화는 교육의 양극화, 부동산의 양극화를 불러왔다.

예전에는 가난한 집의 자녀들이 이른바 '명문 대학'에 합격하는 경우도 많아서 '개천에서 용난다'는 말을 더러 했지만, 지금은 그저 '개천에서 용쓴다'일 뿐이다.

일반 가정 대비 고소득층의 서울대 입학 비율은 1985년에는 1.3배에 그쳤지만, 2000년에는 16.8배로 확대되었다. 고소득직군 아버지의 자녀가 서울대에 입학하는 비율은 다른 그룹보다 20배가 넘는다. 그 격차는 갈수록 더 커지고 있다. 건강보험 납부액을 바탕으로 2007년 서울대 신입생들의 가구 소득 수준을 조사한 결과, 소득 수준 상위 10퍼센트에 해당하는 신입생은 전체의 39.8퍼센트였고, 20퍼센트에 속하는 학생은 전체의 61.4퍼센트였다. 그렇지만 기초생활보장법상 수급권자는 조사 대상 1,463명 중에 겨우 25명밖에 되지 않았다.

1985년 36퍼센트이었던 대학 진학률은 2005년에는 82퍼센트로 높아졌다. 이는 OECD경제협력개발기구 가입국 평균의 세 배쯤 되는 수준이다. 20년 전에 비해 훨씬 많은 사람이 대학에 가게 되었지만, 일반 가정의 자녀가 서울대에 갈 수 있는 확률은 그만큼 줄어들고 있다.

이런 식으로 끝없이 이어지는 통계를 내놓지 않더라도, 부^富는 정확하게 세습되고 있다는 현실을 사람들은 이미 잘 알고 있다. 부의 세습을 위한 전제 조건처럼 여겨지는 교육도 소득에 따라 정확하게 그 결과가 갈리는 것은 이제 상식이다. 변호사의 아들이 변호사가 되고, 의사의 딸은 의사가 되거나 최소한 의사와 결혼하지만, 가난한 노동자의 아들은 육체노동자가 되고, 입에 풀칠하기도 힘든 자영업자의 딸 역시 부모의 뒤를 따라야 한다.

불과 20년 전만 해도, 가난한 집 자녀들이 서울대에 갈 수 있는 길은 열려 있었다. 적어도 자기만 열심히 공부하면 가능한 일이었다. 서울대 법대를 나와 변호사를 하거나 대학교수를 하고 있는 내 또래의 주변 사람들을 보면, 선대가 쌓은 부^富의 힘으로 대학에 진학한 경우는 별로 없다. 부모는 시장에서 장사를 하거나 조그만 구멍가게를 했지만, 자식 하나 똑똑해서 제 노력으로 명문 대학에 진학하고, 제 노력으로 변호사도 되고 교수도 된 것이다.

내가 일하고 있는 인권실천시민연대 사무실에 사회봉사 활동을 하겠다고 자주 찾아오는 D외고 학생들에게 부모의 직업을 가끔씩 묻는다. 학생들의 답변은 언제나 한결같다. 판사, 검사, 변호사, 의사, 대학교수, 중소기업 사장, 대기업 간부……. 부모님이 시골에서 농사를 짓는다든가, 어업에 종사하거나, 혹은 시장에서 장사를 하신다고 답하는 경우는 없다.

예전에는 최소한 기회는 균등하게 제공되었지만, 지금은 기회마저 봉쇄되었다. 한마디로 가난한 사람들은 꿈마저도 빼앗겨 버린 것이다.

사람의 가치를 단지 돈으로만 판단하고, 돈이 없으면 사람답게 살 수 없는 세상은 희망이 없는 세상이다. 아무리 경제 성장을 거듭해도 단지 돈에 따라 사람의 값이 달라진다면, 그 성장의 열매는 결국 부자들만 살찌게 할 뿐이다.

꿈을 빼앗긴, 기회의 균등마저 차단당한 80 또는 90의 사람들은 20 또는 10에 해당하는 사람들만큼 계급 의식이 철저하지도 않다. 부자들의 계급 신문 《조선일보》를 가장 많이 읽는 모습에서 가난한 사람들의 계급 의식이 얼마나 이중적인가를 알 수 있다. 가난하고 차별을 당하고 꿈마저 빼앗겼는데도 '의식'이 없으니, 상황은 더욱 암담하다. 강북 사람들이 자기 동네를 살 만한 곳으로 꾸미기보다는 언젠가는 강남 사람이 되겠다고 저 혼자 빠져나갈 궁리만 하고 있는 꼴이다.

그러니 바뀌는 것은 없고, 차별은 악순환을 거듭하고, 꿈은 점차 멀어만 간다. 대학 서열화를 해체하고 평준화를 이룬다든지 지금 제시된 여러 방법만으로도 얼마든지 꿈을 되찾을 수 있지만, 꿈을 빼앗긴 사람들은 말이 없거나, 아니면 부자들의 생각을 마치 자기를 위한 것이라도 되는 양 뇌까리고 있다. 고교 평준화 때문에 경쟁력이 떨어진다, 기부금 입학을 허용해야 한다, 대학 본고사를 부활해야 한다……. 꼭 부자들만 하는 주장이 아니다. 그래서 꿈은 더 멀어져 간다.

범죄의 위험, 그만큼 위험한 과장

텔레비전 뉴스의 앵커가 심각한 표정으로 문밖에 나서기가 두렵다고 말한다. 선량한 시민들을 노리는 범죄가 많고, 국가는 범죄에 대해 제대로 대처하지 못한다는 거다. 범죄가 많이 생긴다, 가벼운 절도만이 아니라 살인, 유괴, 성폭력 등 강력 범죄가 늘고 있다, 그런데 경찰은 범죄에 대한 대응이 늦고 많은 경우 무능력하다, 범죄 진압과 억제가 안 된다, 그래서 시민들은 불안하다, 특히 어린이와 청소년, 여성과 어르신들은 더 불안하다, 뭔가 특단의 대책을 내놓아야 한다…….

주목할 만한 범죄 사건이 발생하면 언제나 언론을 통해 되풀이되는 이야기다. 언론 보도만 쫓아가다 보면, 문을 꼭꼭 잠그고 있는데도 불안해지게 마련이다. 내가 저 끔찍한 범죄의 피해자가 되면 어떻게 하지? 만일 내 가족이 당한다면? 생각만 해도 오금이 저린다.

언론 보도라는 창窓을 통해 본 세상은 온갖 범죄로 인해 심한 몸살을 앓고 있는 꼴이다. 실제로도 그럴까. 정말 우리가 사는 나라는 그렇게 위험하기만 할까.

가장 정확한 것은 다른 나라와 우리를 비교해 보는 것이다. 형사 정책에는 인구 10만 명당 범죄 발생 건수를 뜻하는 '범죄율'이란 표지가 있다. 이걸로 보면 각국의 사정을 대충은 알 수 있다. 형사정책연구원의 자료를 바탕으로 해서 각국의 범죄율을 살펴보자.

미국은 한국보다 살인 사건이 2.7배나 많이 발생하고, 영국은 강도 사건이 12.6배나 많이 발생한다. 영국은 한국보다 강간 사건이 4.3배나 많지만, 실제로 한국의 통계에는 추행 등 각종 성 관련 범죄가 포함되었기 때문에 실제 격차는 훨씬 더 크다. 영국은 한국보다 38.4배나 많은 폭행 사건이 발생하고, 상해 범죄의 경우 독일은 9.1배나 많다. 방화는 영국이 30.3배, 절도는 11.8배나 많다. 얼핏 보면 오타가 있을까 싶을 정도로 엄청난 격차다.

이러한 통계를 보건대, 분명히 한국은 일본과 더불어 세계에서 가장 안전한 나라다. 인구의 1퍼센트를 감옥에 가둬 놓은 미국(한국은 0.1퍼센트도 안 된다)처럼 거의 형사 사법 정책을 포기한 듯 보이는 나라도 있고, 선진국이라는 영국, 프랑스, 독일도 우리의 기준으로 보면 거의 범죄 천국에 가까운 나라들이다.

한국의 범죄율이 낮은 데는 몇 가지 이유가 있는 것으로 보인다. 일단 범죄를 저지르면 대부분 검거된다. 한국의 범인 검거율은 (2004년부터 연속해서 떨어지고 있는데도) 2005년 통계가 자그마치 86.3퍼센트였다. 일본의 범인 검거율이 50퍼센트가 안 되고, 미국은 20퍼센트대에서 맴도는 것에 비하면 하늘과 땅 차이다. 시민들에게 큰 충격을 주는 유괴 사건은 거의 100퍼센트에 가깝게 범인을 잡는다. 〈그놈 목소리〉란 영화의 소재가 되었던 이형호 군 유괴 사건도 만약 지금 발생했다면, 얼마든지 범인을 검거했을 것이다. 위치 추적 시스템이 거의 완벽에 가깝게 사람을 추적할 수 있기 때문이다.

범죄를 저지르면 대부분 검거된다는 교훈은 범죄 억제에 도움이 된다. 하긴 분단으로 인해 실질적으로 섬나라나 다름없기 때문에 한국에서는 출국 금지만 해 놓으면 검거는 시간문제일 뿐이다. 게다가 전 국민의 열 손가락 지문을 데이터베이스화해서 관리하고 있으며, 모든 국민이 주민등록번호로 관리되고 있고, 휴대전화 위치 추적을 비롯해 각종 추적 기술이 발달한 점 등이 범인 검거에 효자 노릇을 하고 있다.

전 국민이 국가의 감시를 받는 한국의 반인권적 통제 시스템이 유일하게 장점으로 작동하는 분야가 바로 범인 검거 분야이다. 뿐만 아니라 범죄자들의 악성惡性도 다른 나라와 비교하면 상당히 안정적으로 나타나는 편이다.

그런데도 검찰과 경찰 그리고 정부는 입만 열면 범죄가 갈수록 지능화, 흉포화, 조직화된다고 주장한다. 단 한 번의 예외도 없이 매년 꾸준히 범죄는 증가하며, 시민들의 안전은 갈수록 위협 받는다고 하는데, 역시 사실과는 거리가 먼 과장이다.

범죄에 대한 과장은 곧바로 공포를 불러온다. 가정과 재산을 지키고 싶어 하는 일반 시민들의 욕구를 자극한다. 그래서 경비 업체를 찾거나, 쉽게 넘지 못할 만큼의 높은 담을 쌓는다. 특수 자물쇠를 다는 사람들도 늘어난다. 그래도 불안은 가시지 않는 법이어서 정부에 뭔가 특별한 대책을 요구하기도 한다.

지문 정보만이 아니라 범죄자들의 유전자를 채집해 등록해 놓으면 범죄자들이 재범을 할 때 신속하게 검거할 수 있다는 검찰과 경찰의 주장이 힘을 얻는다. 길거리에 CC-TV를 달자는 경찰과 지방자치 단체의 주장에도 힘이 실린다. 성범죄와 관련해서는 다른 범죄와는 비교도 할 수 없는 무거운 형량을 내리거나, 화학적 거세나 전자 팔찌 등 다양하고 무시무시한 형벌들이 제시된다. 새로운 대책이 법제화되는 것은 너무나 쉬운 일이다.

범죄를 예방하고, 범죄의 진압을 위해 국가가 노력을 기울이는 것은 언제나 필요한 일이다. 그렇지만 정부가 있는 그대로의 사실을 국민에게 설명하지 않고, 그저 위험만 강조하거나 과장하는 것은 도리어 위험한 일이다. 올바른 대책을 세우기보다는 검찰과 경찰의 인력과 예산, 그리고 법적 권한만을 확대하는 방향으로 결론이 나기 때문이다. 요란한 각종 대책에도 불구하고 교정 기관에서의 범죄자들에 대한 재사회화 프로그램의 개발 등이 언제나 뒷전으로 밀리는 것을 보면 가히 요란한 빈 수레를 보는 것 같다.

검거를 잘 하는 것도 중요하고, 무거운 형량으로 범죄를 제압하는 것도 중요하지만, 더 중요한 것은 일단 범죄를 저지른 사람들이 다시는 범죄의 유혹에 빠지지 않도록 충분한 기회를 제공하는 것이다. 본인이 원하면 모든 출소자에게 주택을 제공하는 영국만큼은 아니라도, 최소한 감옥 안에서 그저 시간만 보내거나 오히려 더 치밀한 범죄를 배우고 익히게 되는 지금의 감옥으로는 아무리 희한한 특단의 조치가 나와도 별반 소용이 없다. 우리에게 필요한 건 공포의 과장이 아니다. 원인과 대책을 제대로 보는 차분한 목소리가 절실하다.

누구나 정신병원에 갇힐 수 있다

종교 문제로 갈등하던 남편에 의해 정신병원에 71일 동안 강제 입원 당했던 정백향 씨는 '정피모정신병원피해자인권찾기모임'를 이끌고 있다. 정 씨는 자신의 억울함을 풀기 위해 끈질긴 노력을 했고, 마침내 담당 의사를 '감금죄'로 처벌한다는 법원 판결을 받아내기도 했다. 멀쩡한 사람이 가족에 의해 강제로 정신병원에 입원 당하는 경우는 많았지만, 관계자에 대한 형사처벌은 정백향 씨의 경우가 처음이었다.

사례를 들자면 끝이 없다. 남편에게 이혼을 요구하자 정신병원에 끌려간 주부도 있고, 재산 다툼의 결과가 정신병원 입원으로 이어진 경우도 있다.

멀쩡한 사람이 정신병원에 강제로 입원 당하는 사실상의 '감금'이 가능한 것은 법률에 그 근거가 있기 때문이다. 바로 '정신보건법' 제24

조이다. "정신 의료 기관의 장은 정신질환자의 보호의무자의 동의가 있는 때에는 정신과 전문의가 입원이 필요하다고 진단한 경우에 한하여 당해 정신질환자를 입원시킬 수 있으며……" 뒤에 따르는 조항은, 입원을 위해서는 보호의무자임을 확인하는 서류가 있어야 한다는 것뿐이다.

강제 입원의 필요조건은 가족의 동의와 정신과 전문의의 진단이다. 가족은 앞서의 경우처럼 종교 갈등이나 이혼 등의 불화, 재산 다툼 등의 필요 때문에, 그리고 정신과 전문의는 매출 증대 때문에 강제 입원을 감행하고 있다. 사설 응급 업체에 약간의 돈만 쥐어 주면 가족 구성원 중 한 명을 정신병원에 입원시키는 일은 식은 죽 먹기라는 것이 피해자들의 한결같은 증언이다.

강제 입원이 많은 탓에 정신 보건 시설에서 생활하는 정신질환자(또는 정신질환자로 몰린 사람)의 수도 많다. 2005년 말 기준으로 6만 8,991명이다. 미신고 시설까지 합하면 7만 명이 훌쩍 넘는다는 것만 확실할 뿐 정확한 통계도 없다. 정신병원, 정신 요양 시설 등의 정신병상 수는 7만 3천 개다. 국민 1천 명당 1.51개로 세계 최고 수준이다. 이탈리아의 0.1개는 물론이고, 영국의 0.69개나 독일의 0.7개보다도 2배가 넘는다.

정신 보건 시설에 수용되어 있는 많은 사람 중에 자의自意 입원은 8.9퍼센트에 지나지 않고, 91.1퍼센트는 강제 입원(2005년 기준)이다. 가족에 의한 강제 입원이 76.8퍼센트, 지방자치 단체장에 의한 것이 13.3퍼센트이다. 유럽의 강제 입원율(영국 13.5%, 프랑스 12.5%, 네덜란드 13.2%)에 비하면 6배나 높다.

입원 일수만 봐도 실태를 알 수 있다. 국립 정신병원 101일, 사립 정신병원 266일, 정신 요양 시설 2,485일이다. 시설 보호 대상자의 경우엔 국가에서 생활비와 치료비 일체가 지급되니 많은 사람을 수용할수록 매출이 뜬다는 장삿속의 결과이다. 대학 병원의 입원 일수는 20일 정도밖에 되지 않는다. 국립 정신병원 입원 일수도 이탈리아에 비해 7.8배, 독일에 비해 4배나 된다. 한마디로 너무 많은 사람이 너무 오랜 기간 동안 강제로 갇혀 있는 것이 한국의 현실이다. 한국은 국민당 정신병상 수, 정신병원 강제 입원율, 평균 입원 일수에서 부동의 1위를 고수하고 있다. 2위가 넘보기 힘들 정도로 압도적인 1위이다.

이전에는 아예 법률적 근거도 없었는데 1997년 정신보건법이 만들어져서 그나마 좀 나아졌다는 시각도 있지만, 이게 좀 나아진 것인지, 아니면 합법적으로 강제 입원이 양산되는 계기가 마련된 것인지는 가늠할 데이터조차 없어 알지 못하는 형편이다.

정신병원에 갇히면 멀쩡한 사람도 정신질환자가 된다. 외부와의 접촉이 차단되어 감금 상태로 지내야 하고, 상태를 오히려 악화시키는 강제 투약을 당해야 한다. 병을 치료하는 데 도움이 되지 않는다고 독서나 텔레비전 시청을 못하게 하는 경우도 많고, 하루 종일 종이가방 접기 등 강제 노역을 시키는 경우도 너무 많다. 보통의 일과는 밥 먹기, 약 먹기, 잠자기와 단순한 작업하기가 전부이다. 아무리 봐도 범죄자들을 가두는 감옥이 훨씬 낫다. 감금과 비인간적인 처우에 조금이라도 저항하면 당장 결박을 당하고 집단 구타가 쏟아진다.

피해자들이 직접 나서 법 개정 운동을 펼치고 있지만, 막대한 이윤을 챙기는 부도덕한 의사들과 병원, 시설의 로비는 훨씬 막강하다. 주무 부서인 보건복지가족부는 인권 사각지대인 정신병원에 대한 감시와 통제에 대해 손을 놓고 있고, 국가인권위원회 정도가 겨우 관심을 갖고 있는 실정이지만, 그것도 겨우 정신과 의사들의 도덕성 회복을 촉구하는 수준에 불과할 뿐이다.

한국의 3대 패밀리

다른 나라에도 패밀리는 있다. 금융 및 군수 산업과 석유 장사 등을 통해 번 돈으로 세계를 제 손바닥 위에 올려 놓은 양 구는 유대인 패밀리도 있고, 마피아나 삼합회(막걸리와 함께 먹는 삭힌 홍어, 돼지고기, 김치를 먹는 사람들의 모임은 아니다), 야쿠자처럼 세계 적인 범죄 조직도 패밀리라 불린다. 그렇지만 한국의 패밀리는 이들과는 다른 무엇이 있다. 일단 조직이 조직원에 대해 강제력을 발휘하지 않고 가입과 탈퇴, 그리고 활동이 자유로운 친목 단체의 성격을 갖고 있다.

한국의 패밀리 중에서 그 규모와 응집력으로 타의 추종을 불허하는 3개 조직이 있으니, 바로 호남향우회, 해병전우회, 그리고 고대교우회 (고려대만 유독 동문회를 교우회라고 부른다)다. 자기들끼리 잘 뭉쳐서 응 집력도 강하고 유별난 모습도 많이 보여 준다. 비 오는 날에도 옥외 행 사가 가능할 만큼 구성원의 참여도 높다.

그렇지만, 단순히 외양만으로 이들 3대 패밀리를 병렬적으로 비교하는 것은 좀 문제가 있다. 자원입대 방식으로 병력을 충원하는 해병대는 성인이 된 다음에 자기가 선택해서 간 것이다. 어차피 가야 할 군대, 기왕이면 해병대로 가자고 선택한 사람들의 판단에는 무언가가 있다. 해병대에서 받는 혹독한 훈련도 사서 하는 고생이고, 사서 고생한 사람들만 갖는 독특한 프라이드 같은 것이 오늘의 해병전우회 문화를 만들어 냈다. 남들이 보기에 좀 유별나 보이는 것이 무슨 보상심리에 따른 것인지 아닌지 모르겠으나, 사회봉사도 하면서 자기들끼리 뭉쳐 다니는 것을 뭐라 탓할 것은 없어 보인다.

고대교우회도 마찬가지다. 한국에서 대학 입학을 결정하는 것은 거의 전적으로 자신의 성적에 따른 것이지만, 그래도 대학 입학은 자발적인 선택에 의한 것이다. 꼭 고려대에만 갈 수 있는 것은 아니기 때문이다. 고대교우회의 유별난 응집력을 서울대에 대한 열등감 때문인 것으로 해석하는 사람들도 많지만, 역시 자발성에 기댄 그들의 선택을 탓할 까닭은 없다.

최소한 이명박 정부가 탄생하기 전까지는 너무 배타적이지만 않았으면 하고 바라는 정도가 국외자가 할 수 있는 일의 전부였다. 그렇지만, 고대교우회가 노골적으로 이명박 교우의 당선을 위해 대선에 적극적으로 개입하고, 이에 화답이라도 하듯이 이명박 정부가 고소영(고려대·소망교회·영남) 정권을 표방하게 되면서부터는 상황이 좀 달라지고 있다. 고대교우회가 권력을 지향하고 또 한편으로 권력을 행사하게 되면서, 이제는 감시의 대상이 되고 있다.

호남향우회는 좀 다르다. 여기에는 '선택'의 여지가 없다. 누구도 자신의 고향으로 호남을 선택한 사람은 없다. 태어남은 태어나는 인간의 의지와는 무관한 일이다. 자기가 선택한 것 때문에 또는 자신의 능력 등에 따라 받는 차별도 고약하지만, 스스로 선택할 기회조차 없었던 것 때문에 받는 차별은 악랄하다.

박정희의 집권 전반기인 1960년대만 해도 지역감정은 심각한 정치·사회적 문제가 아니었다. 1971년 대통령 선거에서 박정희와 김대중의 맞대결은 정권 교체를 바라는 열망과 함께 박빙의 승부를 예고하고 있었다. 이때 국회의장을 지내기도 했던 대구의 토호 이효상이 선거 운동 과정에서 경상도와 전라도의 대결을 강조했고, 이것이 지역감정, 지역 문제의 화근이 되었다.

영남 지방에만 집중적으로 대규모 중화학 공업 단지가 조성되어 호남이 상대적으로 낙후됨으로써 호남인의 피해 의식은 공고화되었고, 여기에 기름을 끼얹은 사건이 바로 5·18이었다. 지역 차별의 관점에서 보면 5·18은, 선배의 뒤를 이어 다시 집권 야욕을 불태우는 경상도 군인들이 혼란을 막을 수 있는 세력은 군부뿐이라는 명분을 만들기 위해 전라도 사람들을 무자비하게 살육한 사건으로 간단히 정리할 수 있다.

호남 사람들은 호남을 떠나서도 차별을 받았다. 절대로 요직에 접근할 수 없었으며, 차별은 때로 노골적으로 가끔은 은근하게 진행되었다. 이런 상황에서 호남 사람들이 기댈 곳은, 가택 연금 아니면 국외 추방의 운명에 처해져 미래를 기약할 수조차 없던 김대중 '선생님'이었고, 프로야구 구단 해태 타이거즈, 그리고 호남향우회뿐이었다.

대한민국이 그 명을 다해도, 아니 세상이 망한다고 해도 사라지지 않을 불멸의 3대 조직이라고들 하지만, 한국의 3대 패밀리는 이렇게 같으면서도 다르다.

홍세화의 지적처럼 "너 전라도 사람이지"란 말과 "너 경상도 사람이지"란 말이 전혀 다르게 여겨지는 한, 호남향우회의 유별난 모습은 어느 정도 인정할 만한 것이다. 강자의 네트워크와 약자의 네트워크를 함께 놓고 비판할 수는 없기 때문이다.

패밀리라고 다 같은 패밀리는 아니다. 그렇지만 연고주의가 각성된 개인의 성장을 방해하는 것도 사실이다. 약자·피해자의 네트워크를 강자·가해자의 네트워크와 달리 보아야 하는 것은 사실이지만, 우리와 다른 너희를 갈라놓고 우리 끼리만을 강조하는 연고주의에서는 벗어나야 한다. 나와 다른 남, 우리와 다른 너희를 갈라놓는 한, 나도 남처럼, 우리도 너희처럼 차별을 당할 수 있기 때문이다.

다만 호남향우회라도 배타적으로 치우치지 않았으면, 그래서 훨씬 더 성숙하고 도덕적인 면모를 보여 주었으면 좋겠다.

광주 5·18 단체들이 아시아의 인권 단체들과 연대하고, 동티모르의 독립이나 버마의 민주화 운동을 지원하는 것처럼 나와 우리를 넘어선 연대를 실현하는 모습을 호남향우회에서도 볼 수 있었으면 좋겠다. 바로 그것이, 제대로 이기는 길임을 아는 사람들이 많아 졌으면 좋겠다.

지식을 파는 보따리 장사

예전에는 그냥 시간 강사라고 했지만, 요즘은 좀더 세련된 다른 명칭도 많이 쓴다. 겸임 교수, 외래 교수, 초빙 교수, 객원 교수, 비상임 교수……. 그렇지만 속사정을 알고 보면, 에둘러 말할 필요 없이 한마디로 그냥 시간 강사다. 정년은 고사하고, 정규직도 아니다. 시간 강사 대부분이 그런 것처럼 비정규직이면서도 박사 학위라도 갖고 있으면, '비정규직보호법'의 적용 대상도 아니다. 비정규직보호법 시행령에서 박사 학위 소지자는 의사, 변호사 등과 함께 전문가라며 보호의 대상에서 빼놓은 탓이다.

비정규직이 아니어도 몇 년 전부터 급증한 계약제 교수, 연구 교수, 연구 전담 교수, 강의 전담 교수라 불리는 비정년 트랙 교수의 신분도 불안하기는 마찬가지이다. 정년 트랙 교수에 비해 턱없이 적은 임금에, 언제 해고될지 모르는 재임용 탈락의 위협에 일상적으로 노출되어 있

다. 사립대학 재단 이사장이나 학교의 유력 인사들에게 잘 보여서 정년 트랙으로 옮겨 타지 않는 한, 이들은 언제나 장시간 노동과 저임금에 시달려야 한다. 비정년 트랙 교수들은 그나마 연구실을 제공받는 등 정규직으로서 최소한의 혜택은 누린다.

시간 강사는 노동자라면 누구나 가입할 수 있는 고용, 산재, 국민연금, 건강보험 등 4대 보험에도 가입하지 못하고 있다. 그나마 고용보험과 산재보험이 적용 대상이지만, 산재보험에 가입한 대학은 88개, 미가입이 81개이고, 고용보험의 경우에는 가입 29개, 미가입이 144개다. 적용 대상이 되는데도 대학 당국의 횡포와 무관심으로 이런 초라한 가입 실적이 나타나고 있다. 그러나 국민연금과 건강보험은 적용 대상도 아니다. 두 제도 모두 시행령에서 정한 월 80시간의 근로 시간에 미치지 못하기 때문이다.

학교마다 조금씩 다르지만 시간당 3만 원쯤의 강사료가 수입의 전부다. 2005년 《교수신문》의 조사에 따르면 조사 대상 156개 대학 중에서 88개(56.4%) 대학이 시간당 3만원 미만의 강사료를 지급하는 것으로 확인되었다.

교육인적자원부 자료에 따르면, 전국 4년제 대학 시간 강사의 1인당 평균 연간 소득은 주당 11시간 강의 기준 1,080만 원이 전부다. 월급으로 치면 정확히 90만 원인데, 이는 2007년 3인 가구 최저생계비 97만 3천 원에도 미치지 못하는 수준이다. 시간 강사들도 '88만원 세대'와 다를 바 없는 빈곤을 강요당하고 있다.

그렇지만 대학 시간 강사들이 담당하는 비중은 실로 엄청나다. 2006 학년도 1학기 경우를 보면, 국공립대 교양 강의의 65.5퍼센트, 전공 강의의 37.1퍼센트가 시간 강사의 몫이었다. 사립대학에서 시간 강사가 차지하는 비중은 훨씬 높다. 국공립이든 사립이든 시간 강사가 없으면 대학 교육이 가능하지 않을 정도이다.

원래 시간 강사 제도는, 학기 단위의 임시적 고용 형태이긴 하지만, 대학원생이나 박사 과정의 연구자들이 연구와 함께 강의도 경험하도록 하자는 뜻에서 도입되었다. 학문 후속 세대가 일종의 수련 과정을 거치는 의미가 있었던 것이다. 그렇지만 대학 사회에 불어 닥친 시장만능주의 바람은 교수 사회를 정년 트랙 교수—비정년 트랙 교수—시간 강사 등으로 서열을 만들어 놓았고, 이 서열은 '고임금 / 저임금', '적은 시간의 강의와 긴 연구 시간 / 많은 강의와 짧은 연구 시간'의 차별을 불러왔다. 오늘날 한국 교수 사회의 양극화는 심각한 상태다.

어차피 대학도 수입과 지출을 잘 맞춰 가능하면 이익을 내야 하는 기관이다. 대학이 일방적인 출혈을 감수하거나 학생들에게 더 많은 등록금을 부담시키면서 시간 강사의 처우를 개선하는 것은 일정한 무리가 따르는 것도 사실이다. 그렇지만 한국 사립대학의 재정 적립 액수는 이미 6조 원이 넘는다. 쓰지 않고 모아 두기만 한 돈의 규모가 이 정도다. OECD 가입국의 고등 교육 재정은 GDP의 평균 1.1퍼센트인데, 한국은 0.3퍼센트에 지나지 않는다. 4분의 1 수준이다. 사립대학 재정에서 등록금이 차지하는 비중은 75퍼센트이다. 세계 최고 수준이다.

간단히 정리하면 한국의 대학은 학생의 등록금에만 의존하고 시간 강사를 착취하면서도, 사용처를 밝히지도 않으면서 천문학적 액수의 금액을 적립해 왔다. 그런데도 정부는 교육 재정 확보에도 인색하고 그저 뒷짐만 쥐고 있으니, 약자의 고통만 늘어갈 뿐이다.

인도의 무법자 오토바이

한국에 와본 외국인들은 한결같이 한국은 다이내믹한 사회라고 한다. 많은 사람들이 한국의 속도에 놀란다. 택시가 총알처럼 빠르다 하여 '총알택시'가 있는 나라. 이주노동자들이 '새끼'라는 욕과 함께 가장 먼저 배우는 한국말이 된 '빨리빨리'도 우리의 현기증 나는 속도를 보여 준다. 지하철에서 계단을 두 칸씩 오르거나, 에스컬레이터에서 걷거나 뛰는 사람들의 모습 등도 외국인에겐 낯선 것이다.

인도를 질주하는 오토바이도 마찬가지다. 자전거는 그래도 이해할 만한 무언가는 있다. 도로교통법에 따르면 자전거도 차마車馬에 해당하니 인도로 가는 것이 불법인 것은 오토바이와 사정이 다르지 않다. 하지만 오로지 사람의 힘에 의해 움직이는 이 초라한 교통수단이 찻길로 나서는 순간, 자전거를 타는 사람의 안전을 지키기 어렵다는 현실을 감안해야 하는 측면이 있다.

그런데 오토바이는 전혀 다르다. 속도나 무게가 자전거와는 비교도 되지 않는다. 교통사고만 해도 오토바이로 인한 것은 자전거 때문에 나는 교통사고와 차원부터 다르다.

한국에서 인도를 걷다 보면 발걸음을 방해하는 것이 한둘이 아니다. 아예 인도를 점령하고 차를 주차한 경우부터 아무렇게나 쌓아둔 물건들도 만만치 않다. 그래도 이런 것들은 움직이지 않고 자리만 차지하지만, 느닷없이 인도로 치고 올라오는 오토바이는 안전을 위협하기에 매우 곤혹스럽다. 오토바이가 보행자와 함께 횡단보도를 건너는 것은 으레 그러려니 싶을 정도로 친숙한 풍경이다.

철가방이나 퀵서비스처럼 '빨리빨리'가 생명인 오토바이들은 물론이고, 빨리 가야 할 이유가 별로 없어 보이는 오토바이들도 마찬가지다. 빠른 속도가 경쟁력의 전부인 철가방을 든 노동자들이나 퀵서비스 노동자들이 더 빠른 스피드라는 유혹에서 자유롭기는 힘들다. 빨리 움직이지 않으면 당장 수입이 줄어들거나 논다는 핀잔을 들어야 하는데, 노동을 제공하고 임금을 받는 처지에서 이거 쉽지 않은 일이다. 물론 꼭 빨리 움직여야 하는 이유가 없는데도 그저 자기만 편하겠다고 인도나 횡단보도를 오가는 오토바이도 적지 않다. 다른 사람에 대한 배려 없는 이기심에서 비롯된 무례이다.

하여튼 모두들 바쁘게 움직인다. 자판기 컵 나오는 곳에 손을 넣고 기다린다거나, 주문한 음식을 재촉하는 것은 이미 많은 한국인의 습관이 되었다. 그렇게 바쁘게 움직인 탓에 자원도 부족한 나라에서 이만큼이라도 먹고산다고 말하는 사람들도 있지만, 원칙도 없이 그저 어지럽게 속도만 내는 이런 모습을 보면 과연 사람 사는 게 뭔지 하는 생각이 든다.

2005년 기준 한국 노동자의 연평균 노동 시간은 2,354시간으로 OECD 평균인 1,725시간보다 36퍼센트나 많다. 이렇게 오래 일한 대가는 어떨까. '2007년 판 OECD 통계연보'에는 우리의 팍팍한 삶이 잘 드러나 있다.

한국의 교육 기관에 대한 지출액은 국내총생산 대비 7.5퍼센트로 OECD 회원국 중 2위였고, 사교육 기관에 대한 지출액 비중은 2.9퍼센트로 1위였다. 공교육에 대한 지출액은 4.6퍼센트로 17위에 불과하다. 일부는 평준화로 인한 학력 저하가 심각하다지만, 학생들의 읽기(2위), 수학(2위), 과학(3위) 실력은 세계 최고 수준이다.

'세금폭탄' 어쩌고 하지만, 국내총생산 대비 조세 수입 비중은 2004년 현재 24.6퍼센트로 29위였고, 노동 비용 대비 노동자 1인당 세 부담은 17.3퍼센트로 OECD 평균인 27.3퍼센트의 절반도 되지 않았다.

평균 수명(26위), 문화여가비 지출(18위) 등은 평균을 밑돌았고, 100만 명당 자동차 사고 건수(5위), 자동차 100만 대당 자동차 사고 건수(3위)는 여전한 위험이 우리 주변에 도사리고 있음을 알려 준다. 반면, 출산율은 31위로 꼴찌였다. 2007년이 황금돼지해라 해서 출산율이 조금 늘었다지만, 부동의 꼴찌를 사수했다.

세금을 적게 내는 대신 사회적 안전망은 확보되지 않았고, 가장 긴 시간을 일하지만 사교육비 지출 등으로 인해 막상 손에 쥐는 것은 없다. 사회가 불안하니 아이를 낳기 두렵고, 이는 고스란히 출산율 세계 꼴찌라는 통계로 드러나고 있다.

빠르다고 꼭 좋은 걸까. 프랑스나 독일은 여름휴가를 5주씩 보내는 것이 관례화되어 있다. 대통령이나 총리처럼 분주하기 짝이 없는 사람들도 마찬가지다. 그야말로 푹~ 쉰다. 아예 휴가를 보내지 못할 때도 많지만, 가끔 휴가 기회가 생기면 한국의 대통령은 휴가 갈 때도 '휴가 때 읽을 책'을 언론에 공개한다. 휴가지에서도 책을 읽으며 정책 구상을 한다며 호들갑을 떠는 것이다. 열심히 일하고, 놀 때는 그저 마음 편히 푹 쉬는 모습이 아쉽다.

오늘도 오토바이가 인도를 질주하며, 총알처럼 빠른 택시들이 현기증 나는 속도를 자랑하지만, 우리가 그 속도만큼 행복한 것 같지는 않다. 속도가 우리의 미래를 보장해 주지는 않는다. 결국 빠른 속도는 세계에서 가장 많은 교통사고와 가장 많은 사람이 교통사고로 목숨을 잃는 부끄러운 실적만을 우리에게 남겨 주었을 뿐이다. 오히려 조금 느리더라도, 사람답게 사는 것이 더 바람직하지 않을까.

요람에서 무덤까지 돈 봉투를!

사람은 날 때부터 죽을 때까지, 곧 일생을 살며 중요한 고비마다 이벤트를 마련하여 그 의미를 되새긴다. 출생, 할례, 종교 입문, 성인식, 결혼식, 장례식 등이 그렇게 기념하는 날들일 터인데, 한국 사람들은 이러한 삶의 주요 순간마다 언제나 돈 봉투를 내민다.

아이가 태어나 별 탈 없이 잘 큰 것을 축하하기 위한 백일잔치나 돌잔치가 열리면, 가족이나 손님들은 어김없이 돈 봉투를 꺼내든다. 돌 반지나 옷 등을 선물하기도 하지만, 가장 일반적인 축하 선물은 돈이다. 자기 이름을 적은 봉투에 돈을 넣어 전해 주는 것은, 적당한 선물을 고르고 사야 하는 고민과 수고를 생략해 버리는 간편한 방식이기도 하다.

그 아이가 자라서 학교에 들어가도 봉투는 등장한다. 처음 입학한 아이를 잘 봐달라고 교사에게 인사 갈 때, 가장 쉽게 생각나는 것 역시 돈이다. 교사에게 교재 연구를 위해 쓰라고 돈을 건네는 사람은 없다. 어디다 쓰든 상관없으니 이 돈만큼만 아이를 잘 대해 달라는 노골적인 뜻이 담겨 있는 것이다.

결혼을 할 때도 돈 봉투를 받고, 사람이 죽어서 저승으로 갈 때도 역시 돈 봉투는 빠지지 않는다. 저승 갈 때 쓰라며 망자의 관 속에 돈 봉투를 넣어 주기도 한다. 그야말로 요람에서 무덤까지 돈 봉투이다. 아예 회계 항목에 '경조사비'라는 항목이 들어가 있고, 업무 추진비와 판공비 같은 항목이 있는 것도 봉투에 넣을 돈을 충당하라는 뜻이다. 모두 한국에서만 자연스러운 풍경이다.

다른 나라들과 달리 한국 사람들이 때만 되면 돈 봉투를 주고받는 것은 사회 안전망이 발달하지 못한 탓에 아는 사람끼리 서로 돕고 살자는 상부상조의 의미가 있다. 또한 경제적 여유가 없으면서도 체면 때문에라도 경조사는 남들만큼 치러야 하는 사정에 대한 고려와 배려도 포함되어 있음은 분명하다. 하지만 가장 큰 이유는 선물을 직접 고를 때와 달리 별다른 고민을 하지 않아도 되고, 돈을 받은 사람이 알아서 자기에게 필요한 것을 사게 되면 마음에 쏙 드는 선물을 맞춤으로 하는 것과 같은 효과가 있기 때문이다.

물론, 기쁜 일과 슬픈 일을 함께한다는 마음의 뜻이 돈 봉투에도 담겨 있다. 그렇지만 상대방에게 꼭 필요하고, 또한 기쁘게 할 만한 선물을 고르는 마음에 비할 것은 아닌 것 같다. 온전한 마음을 담기가 어렵다고나 할까.

편리성 속에는 서로를 챙기며 무슨 거래를 하듯이 주고 받는 우리의 모습이 담겨 있는 것 같다. 1년에 편지 한 통 쓰지 않는 사람들이 편지 봉투를 챙길 때가 있는데, 바로 그 봉투에 돈을 넣고 경조사에 참석할 때다. 인생의 중요한 순간을 맞은 친구와 친척, 친지에게 줄 것이 돈 봉투밖에 없는지, 마음을 표현하는 방법이 한결같이 돈 봉투뿐인지, 우리에게는 왜 그렇게 상상력도 없는지 모르겠다. 내 좋은 감정이 그저 몇 푼의 돈으로 평가되는 것이 우리에게는 왜 이토록 자연스러운지도 모르겠다.

사회 활동을 많이 하고, 무언가 다른 사람을 챙겨 줄 만한 형편인 사람들은 뇌물이 아닌 선물로 돈 봉투도 주고받고, 경조사도 너끈히 챙길 수 있다. 하지만 가난하거나 주변 사람들과 넓은 네트워크를 만들지 못한 사람들에게는 이런 돈 통부 문화가 때론 곤혹스럽기만 하다.

정성이 담긴 선물이 오가야 할 자리에 돈 봉투가 오가는 것을 본 외국인들은 한국 사람들에게 가장 소중한 것은 돈이라고 생각한다. 과히 틀린 말은 아니다. 한국의 청소년들은 미래의 직업을 정하는 가장 중요한 기준을 '돈'과 '보람'으로 꼽았고, 대학생들은 '돈'과 '적성'으로 꼽고 있다. 무슨 일을 하든지 가장 중요한 기준은 돈이다. 가정에서 부부 간의 대화에 가장 자주 등장하는 주제도 돈이다. 돈에 웃고 돈에 울고, 돈 때문에 살기도 하고 죽기도 한다.

돈으로 살 수 없는 것을 꼽아 보기 어려울 정도로 거의 모든 것을 돈으로 살 수 있는 세태에서 혼자만 돈 없이 버텨 보겠다는 것도 쉽지 않다. 가만히 있어도 도처에서 돈을 쓰라는 유혹이 넘쳐 나고 있다. 꼭 광고에 혹하고 넘어가는 소비 때문만이 아니라, 당장 최소한의 생활을 유지하기 위해서도 돈이 필요하다. 공공성과 연대성의 원리가 자리 잡지 못한 한국에서 돈은 무엇보다 중요한 가치이며, 수단이 아니라 목적이다. 삶의 중심이고, 신앙의 대상이기도 하다.

그렇지만 너무 서글프다. 사랑하는 사람과 친구들에 대한 마음마저 돈 봉투에만 담는 한결같은 모습, 돈을 주고받는 것 말고는 아무것도 생각하지 않는, 어쩌면 아무것도 생각나지 않는 우리들 마음의 빈곤이 너무 서글프다.

명절증후군

새로운 시작을 다짐하고 한 해 동안 별 탈 없이 잘 지내고 싶은 마음을 담거나, 한 해의 수확을 기뻐하는 마음을 나누는 것이 설과 추석 명절이 갖는 의미다. 하지만 설이나 추석이 다가오면 한국의 주부들은 몸살을 앓는다. 명절이 며칠 남지 않았다는 생각만으로 달력만 쳐다봐도 두통이 생긴다고 하소연하는 주부들도 많다.

모처럼 가족끼리 모여 앉아 조상을 생각하기도 하고 오순도순 도타운 정도 나누는 명절의 의미는 온통 남성들만의 차지다. 대개의 여성들에게는 평소보다도 훨씬 강도 높은 가사 노동이 기다리고 있을 뿐이다.

차례상을 차리기 위해 하루나 이틀 전부터 쪼그려 앉아 지지고 볶고 부치기를 반복해야 한다. 손님상을 몇 번씩 내와야 하고 그때마다 음식을 준비하고, 치우고 설거지하기를 되풀이해야 한다. 여성들이 시집에서 해야 하는 명절날 노동은 사실 얼굴 한번 본 적 없는 남편 조상들을 위해 감당해야 하는 것이다. 의미를 확인할 수 없는 노동, 기쁨이 있을 리 없는 노동은 그저 고역일 뿐이다.

'아줌마닷컴'이 기혼 여성 1,500명을 대상으로 진행한 온라인 설문조사에 따르면, 명절 때 가장 듣기 싫은 말은 응답자의 33.8퍼센트가 꼽은 "더 있다 가라"였다. 그 다음은 '동서지간에 비교하는 말'(20.2%)과 '음식 준비할 때의 잔소리'(12.7%)였다. 세상에 아무리 시집이어도 그렇지 그래도 가족인데, 그것도 연로하신 시어머니가 조금만 더 있다 가라고 하는 말이 가장 듣기 싫다니, 명절증후군의 위험이 얼마나 심각한지 알 수 있는 한 단면이다. 반면 가장 듣고 싶은 말은 "준비하느라 수고했다"(31.3%)였고, 그 다음은 "어서 친정에 가야지"(22.1%)였다.

이 조사에 따르면 응답자의 82.1퍼센트가 명절증후군을 겪어 봤고, 명절증후군의 원인으로는 시집 식구 등 사람으로 인한 스트레스(43.7%)와 명절 노동에 대한 스트레스(39.9%)를 꼽았다.

꼭 명절만 그런 것도 아니다. 통계청에 따르면 맞벌이 부부의 경우, 아내의 가사 노동 시간은 3시간 28분인데, 남편은 겨우 32분이었다. 평균 텔레비전 시청 시간(2시간 6분)의 4분의 1밖에 안 되는 시간이다. 맞벌이를 해도 아내가 남편보다 6.5배나 더 가사 노동을 하는 거다.

소득을 위한 노동을 뜻하는 '수입 노동'의 경우에는, 남편이 6시간 34분으로 아내의 5시간 14분보다 노동 시간이 많다. 하지만 가사 노동을 합하면 아내 8시간 42분, 남편 7시간 6분으로 아내가 남편보다 1시간 36분을 더 일하고 있다. 하루도 빠짐없이 매일 6.5배나 더 가사 노동을 하고, 총 노동 시간도 1시간 36분이나 더 일하는 것이 한국의 기혼 여성들이 처한 현실이다.

평소에도 중노동이지만, 막상 명절이 오면 남편과의 시간 비교가 불가능할 정도의 고된 노동을 한다. 증후군을 겪지 않을 도리가 없다. 상차리고 치우기를 반복하고 지지고 볶느라 종일 쉼 없이 쪼그려 앉아 있으니 몸이 녹초가 되는 것은 물론이고, 명절이 끝나면 디스크나 척추에 이상이 있다고 고통을 호소하는 여성들이 적지 않다. 극단적인 사례겠지만, 명절이 싫고 두려워서 혼자서 혹은 아이를 데리고 목숨을 버리는 일도 있다.

문제와 그 증상은 심각하지만, 명절증후군을 해결할 방법은 의외로 간단하다. 기혼 여성들이 시어머니에게 가장 듣고 싶다는 말이 "준비하느라 수고했다"인 것처럼 가족의 격려와 나눔, 그저 따뜻한 말 한마디로도 얼마든지 문제를 줄여 갈 수 있다. 명절 음식 차리기나 설거지 등을 남자들도 함께하는 것이 좋은 해결책이 되는 것도 물론이다.

모두가 함께 즐거워야 할 명절이 그저 여성이라는 이유만으로 증후군을 겪을 정도로 힘겨운 노동밖에는 아무것도 생각나지 않는 그저 피하고만 싶은 것이 된다면, 그 책임은 명절을 함께 보내는 가족 구성원 모두의 것이다. 각자 처지와 집안 사정에 맞게 음식을 좀 줄이든, 명절 준비를 함께하든, 아니면 진심 어린 따뜻한 말을 건네든 해법을 찾아야 한다. 적어도 지금처럼은 아니어야 한다. 함께 즐거워야 할 명절이 누군가에게는 사람 잡는 날이 되어서야 되겠는가.

파파라치의 세포 분열

원래 시작은 파파라치였다. 세계의 연인이라 불렸던, 그러나 사생활은 불행하기만 했던 영국 왕세자비 다이애나는 파파라치의 가장 훌륭한 먹잇감이었다. 왕세자 찰스와 이혼한 다음에는 그녀의 일거수일투족을 쫓는 황색 저널리즘의 횡포가 더욱 극심해졌다. 이집트계의 무슬림 백만장자와 연인 사이로 발전하자, 파파라치의 추적은 극에 달했고, 결국 그녀는 파파라치들의 추적을 따돌리는 과정에서 교통사고를 당해 숨졌다(사건의 진상은 그게 아니라는 주장도 있다).

이때부터 파파라치란 용어는 우리에게도 친숙한 것이 되었다. 대중의 호기심을 끄는 유명인을 몰래 사진 찍는 사람들, 그 사진을 통해 돈을 버는 사람들을 지칭하는 말이 파파라치다. 그렇지만 한국에서 원조 파파라치는 사실 별다른 활약을 하지 못하고 있다. 연예인을 비롯한 유명인들이 상당한 정도의 방어력을 갖고 있기 때문이다. 아예 대중들이 접근하기 힘든 곳에서만 활동한다든지, 대중과 섞이게 되는 경우에는 대부분 경호원을 배치한다. 각종 영화제나 연예인의 결혼식 등에 앞서 포토라인에 서는 경우 말고, 누군가가 허락 없이 사진을 찍거나, 특히 그 사진을 상업 목적으로 사용하면 당장 변호사를 통해 소송을 제기한 다. 거액의 손해 배상 청구 소송의 위험을 감수하고서라도 연예인 등 유 명인의 뒤를 쫓는 것은 무모한 일이다. 배보다 배꼽이 더 큰 일을 당할 수 있기 때문이다.

때문에 한국에서 파파라치는 그저 평범하게 살아가는 우리의 주변을 겨냥하고 있다. 파파라치의 눈길이, 아니 렌즈가 닿지 않는 곳이 있을까 싶을 정도로 그 종류도 무척이나 다양하다. 카파라치(불법운전 신고), 쓰파라치(쓰레기 무단투기 신고), 식파라치(음식물관리법 위반 신고), 자파라치(자판기 불법설치 신고), 노파라치(노래방 불법영업 신고), 표파라치(선거 부정 신고), 땅파라치(무허가 토지 형질변경 신고), 주파라치(주식 불공정거래 신고), 봉파라치(1회용 비닐봉지 무상제공 신고), 세파라치(탈세 신고), 하파라치(불법 하도급 신고), 택파라치(도급 택시 신고), 담파라치(담배꽁초 투기 신고), 성파라치(성매매 범죄 신고), 술파라치(청소년 술 판매 신고), 의파라치(건강보험 요양급여비용 부당청구 신고), 지파라치(지하철역 내 불법영업 신고), 가파라치(가로수 훼손 신고)…….

그야말로 '~파라치' 앞에 한 글자씩만 붙이면 별의별 파라치가 생기는 꼴이다. 모두 신고에 따른 포상금을 지불하게 되어 있다.

신고 포상금 제도는, 각종 규제 감시 대상 분야가 광범위해서 정부의

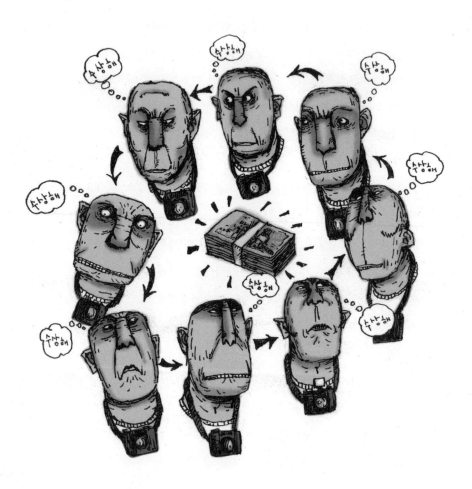

단속만으로는 성과를 거두기 어려우니 시민들의 감시를 통해 더욱 실효성 있는 규제를 하겠다는 뜻에서 마련되었다. 신고 포상금 제도는 그 취지에 맞는 성과를 발휘하고 있다.

각종 파라치들이 증거 수집을 위해 필요한 고성능 촬영 도구를 앞다 퉈 구입하고 있다. 얼마나 많은 사람들이 파라치 생활을 하는지 알 수는 없지만, 큰 규모의 시장을 형성하고 있는 것만은 분명하다. 심지어 파라치들을 전문적으로 양성하는 학원도 있다. 현재 유망한 파라치 분야를 소개해 주고, 증거를 수집하는 방법부터 활동하기 적합한 구체적인 장소까지 물색해서 가르쳐 준다고 한다.

자기도 모르는 사이에 누군가의 감시를 받고 있다면 우리의 행동은 위축될 수밖에 없다. 잔돈이 없다면서 봉투 값을 내지 않고 공짜로 봉투를 받아 가려고 할 때, 상점 주인은 고객의 요구를 뿌리치기 어렵다. 다시 우리 가게를 찾아 주어야 하는 고객에게 박정하게 굴 수는 없기 때문이다. 이럴 때 누군가가 신고 포상금을 노리고 자신에게 카메라를 들이대고 있을지도 모른다고 생각하면, 용기를 낼 수 있다. 손님이 떨어지더라도 거액의 과태료를 부담할 수는 없는 노릇이기 때문이다. 이를테면 이 정도가 신고 포상금 제도의 순기능이다. 법규에 대한 경각심이 높아지는 거다.

그렇지만, 단속의 적격을 갖추지 못한 일반 시민이 다른 시민을 감시하도록 국가가 나서서 부추기는 것은 시민 사이의 불신을 조장하는 일이다. 시민들에게 몇 푼의 돈을 쥐어 주고서는 국가가 할 일을 떠넘기는 일이기도 하다. 20원을 받지 않고 비닐봉투를 주었다면 환경 정책 측면에서 잘못한 일이고, 또 과태료 부과 대상이 되는 것도 맞다. 하지만 그렇다고 상점 주인의 초상권을 포함한 프라이버시 등 인격권이 함부로 침해당해도 좋을 만큼의 잘못을 했다고 볼 수는 없다. 봉투를 그냥 주었다는 이유로, 허락도 받지 않고 그 사람의 음성과 얼굴을 몰래 촬영해도 되는 것은 아니다. 시민으로 하여금 시민을 감시하게 하는 관료들의 행정 편의적 발상 자체도 잘못되었지만, 감시의 일상화를 정부가 나서서 조장하는 것도 큰 잘못이다.

2006년 8월의 국정 브리핑은 각종 파라치 제도에 대해 "각종 파라치 양성 학원까지 생겨 돈 되는 일이라면 그야말로 물불을 가리지 않고 뛰어드는 세태를 그대로 반영하고 있어 쓴웃음을 짓게 만든다"면서, "기본적으로 지켜야 할 생활 규범을 선진 시민답게 지켜 낸다면 각종 파라치의 행태는 없을 것이다. 이런저런 일로 적발돼 불쾌감을 갖기 전에 스스로 생활 법규를 지킴으로써 선진 시민으로서의 자긍심을 지켜 나갔으면 한다"고 했다. 누굴 약 올리는 것도 아니고, 각종 파라치 제도를 잔뜩 만들어 놓고는, 기초 질서만 잘 지키면 봉변당할 일 없을 거라는 하나마나한 이야기를 늘어놓고 있다. 선진 시민의 자긍심에 상처를 주는 것이 바로 정부인데도 엉뚱한 이야기만 하고 있다.

먹고살려면 어쩔 수 없는 측면도 있지만, 각종 파라치로 일하는 사람들도 파파라치란 말이 이탈리아어로 "윙윙거리며 달려드는 파리 떼"를 뜻한다는 것쯤은 알아 두었으면 좋겠다. 아무리 돈도 좋지만, 사람이 벌레처럼 살 수는 없지 않은가.

이름 남기기 좋아하는 사람들

호랑이는 가죽을 남기고, 사람은 이름을 남긴다는 말 그대로다. 한국 사람들은 유별나게 이름 남기기를 좋아한다.

몇 번의 기회와 권유(특히 공짜로 보내주겠다는)가 있었는데도 내가 아직까지 금강산에 가지 않은 까닭은 김일성 부자의 이름으로 된 금강산에 적힌 낙서를 보기 싫어서다. 자기들은 실제로 자랑스러울 수도 있겠지만, "조선 5천 년 역사상 가장 위대한 지도자, 김일성 수령을 모시었던 영광……" 어쩌구 하는 소리를 바위에다 암각으로 커다랗게 새겨놓는 그 용기가 끔찍하게 싫기 때문이다. 그냥 민망한 정도가 아니라, 돌에다 커다란 글씨를 새길 수 있다는 생각, 그 폭력성이 싫다. 공짜로 보내준다고 해도, 아까운 시간을 들여 그 먼 곳까지 가서 상처받고 싶지 않다고 생각했다.

그렇지만 내 생각을 원칙대로 밀고 나가면 나는 사실상 한국에서는 어디도 갈 곳이 없다. 북한만이 아니라, 남쪽 사정도 별반 다르지 않기 때문이다. 등산객들이 남겨 놓은 이름 석 자는 북한의 것과는 권력의 크기에 비례라도 하는 듯 글씨만 작을 뿐이지 조잡하긴 마찬가지다. 왜 제 것도 아닌, 모두가 함께 눈으로만 즐겨야 할 바위에 자기 이름을 버젓이 적어 놓는 걸까.

독재가 물러나면서 커다란 돌덩이나 건물 현판 등에 독재자가 휘갈겨 쓴 휘호는 부쩍 줄어들었지만, 그래도 곳곳에서 커다란 돌덩이에 쓰여진 글씨를 만나야 한다. 금강산의 것은 그래도 자연 그대로의 것을 그 자리에서 훼손했지만, 훨씬 잘살고 기술이 발달한 탓인지 남한의 것은 자연 상태 그대로가 아니라 갈고 닦아서 그리로 옮겨다 놓은 것들이 많다.

길이 있는 곳에는 어김없이 볼 수 있는 '바르게 살자'라는 흉측한 글씨만 해도 그렇다. 도대체 전하고자 하는 뜻이 무엇인지 알 수 없다. 수입의 대부분을 정부 보조에 의존하는 그런 이름의 관변 단체가 있다고, 그리고 기억나는 활동이라고는 커다란 돌덩이를 눈에 잘 띄는 곳에 세워두고 그 돌덩이에 단체 이름을 새기는 것뿐이지만, 그래도 그런 단체가 있다고 선전하는 용도 말고 어떤 의미가 담겨 있는지 모르겠다.

어떻게 사는 것이 바르게 사는 것인지도 모르겠지만, 제 정신 갖고 사는 사람들이 길거리에 세워 놓은 커다란 돌덩이에 쓰여진 구호를 보고 바르게 살 것을 다짐할 리도 없지 않은가. 도로변에 세워 놓은 '바르게 살자'는 구호는 곧 '지네들이나 바르게 살지' 하는 반발감을 불러일

으킨다. 또 한편으로는, 조폭 영화에 흔히 등장하는 깍두기들의 문신 '차카게(착하게) 살자'처럼 우스꽝스럽기도 하다.

각종 모임 때마다 등장하는 방명록도 마찬가지다. 결혼식장, 장례식장 같은 경조사는 물론이고, 무슨 '후원의 밤'이나 동창회 등 모임마다 입구에서 사람을 기다리고 있다. 그저 이름 석 자 적어 놓는 것이지만, 출석부 기능을 하기 때문에 행사 주최자로서는 중요한 의미를 갖기도 한다. 그렇지만 꼭 내가 다녀갔다는 증거를 이름 석 자 쓰는 것으로 남겨 놓아야만 하는지는 모르겠다. 특히 한자로 흘려 쓴 글씨는 읽기도 어려운데.

경조사마다 등장하는 화환도 그렇다. 화환 보낸 이런저런 사람들과 막역한 관계에 있다고 힘 한번 주는 것이 용도의 전부인데, 그것도 눈길 한번 주는 것으로 끝이다. 장례식장에서는 그나마 3일쯤 효용이 있지만, 결혼식장 같은 곳에서는 딱 한 시간가량 자리를 지키면 그만이다. 그 자리에서 화훼업자에게 넘겨져 재활용되는 일도 많다.

화환의 쓸모가 꽃이 아니라, 보낸 사람의 이름에 있다는 것은 형편 좋은 집들의 경조사를 보면 안다. 너무 많은 화환이 들어오면 화환에 달린 이름 적힌 리본만 떼어서 붙이고, 화환은 그 자리에서 돌려보낸다. 꽃집 주인은 배달 가서 화환을 한 번 보여 주기만 하는 것만으로도 일이 십만 원을 챙긴다. 버려야 할 것이 남고, 남아야 할 것이 버려지고 있다. 체면치레를 위해, 또는 자기과시를 위해 제 돈을 주고 남의 이름을 도용한 화환을 가져다 놓는 경우도 적지 않다. 답답한 노릇이다.

제 이름 석 자 남기고 싶은 욕망은 드디어 학문의 전당인 대학 사회에도 새로운 변화를 만들었다. 처음에는 돈을 낸 기업 이름을 건물 이름에 붙이더니, 이제는 돈을 낸 개인의 이름도 붙여 주고 있다. 고려대에는 이명박 라운지, 이학수(삼성그룹 부회장) 강의실, 강신호(동아제약 회장) 강의실이 있고, 성공회대에는 조폭 영화를 너무 많이 본 것으로 유명한 김승연(한화그룹 회장)의 이름을 딴 승연관이 있다. 다들 멀쩡하게 두 눈 뜨고 살아 있는 사람들이다. 평화 인권을 지향한다는 성공회대학교에 신영복 석좌교수의 이름을 딴 '영복관'이나 김성수 주교를 기리는 '성수관'은 없지만 승연관이 있다는 사실이 씁쓸하다. 학문적 업적이나 본받을 만한 인품이 기준이 아니라 돈이 곧 기준이기 때문이다.

이들은 모교나 관련이 있는 학교에 돈을 내는 '좋은 일'을 하고, 학교는 이 고마운 뜻에 '고마운 마음'을 담아 이들의 이름을 붙였다. 그렇지만, '좋은 일'과 '고마운 마음'이 오로지 돈을 매개로만 만나는 것은 서글프다. 당사자들 입장에서도 어린 학생들이 한참이나 나이 많은 노 선배들의 이름을 함부로 부르고 다니는 게 좋지만은 않을 텐데.

"야, 이번 수업은 어디서 해?" "응, 이학수." "아니야, 강신호야." "알았어. 잠깐 이명박에 들렀다 가자." "이명박은 음습하고 추운데, 그냥 가면 안 될까?"

요즘 애들 군기 빠졌어

한국은 징병제 국가다. 국방의 의무는 헌법에 명문화(제39조)되어 있다. 가끔의 예외가 사람들을 허탈하게도 하지만, 한국의 비장애 남성들은 군대에 다녀와야 한다. 여성들 가운데도 군인을 직업으로 선택하는 사람들이 늘고 있지만, 여전히 군대는 남성들만의 성역으로 머물러 있다.

군에 몸담고 있는 사람들이나 군 생활을 그저 추억으로만 생각하고 있을 예비역들, 또는 군에 대해 약간의 이해라도 갖고 있는 사람들(주로 남성들)은 한결같이 '군기'의 중요성을 강조한다. 군대란 평시가 아니라 전시를 위해 늘 준비해야 하는 조직이고, 유사시에는 국가를 위해 죽을 수도 있기 때문에 늘 엄정한 군기를 유지해야 최상의 전투력을 유지할 수 있다는 믿음에서 비롯된 것이다.

군대에서 자살 사건이라도 생기면 많은 사람들은 말한다. 요즘 군대

는 너무 군기가 빠졌다고. 특히 예비역 남성들의 걱정은 끊이지 않는다. '빡센' 군기의 경험을 자양분 삼아 제대 후에도 험한 세상을 '빡세게' 헤쳐 나가고 있는 이들의 근심은 대체로 이런 것이다. 자기가 군 생활할 때는 이런저런 혹독한 훈련과 구타, 얼차려도 모두 견뎌 냈다. 두통 생기면 머리에, 배탈 나면 배에 빨간약 바르면 멀쩡해졌다. 감기보다 군기가 셌다 등등. 근데 요즘 애들(사실은 청년들인데)은 체력, 정신력 모두가 약해 빠져서 별 것 아닌 일에도 금세 지치고 버티질 못한다. 그러니 저렇게 스스로 목숨을 끊는 일까지 벌인다는 거다. 군기가 제대로 잡혔다면 그런 일은 애당초 일어나지 않았을 거란다. 요즘 군대는 기간도 짧아졌고, 훨씬 더 편해졌는데도 자살 사건이 끊이지 않는 것이 바로 요즘 군대가 얼마나 군기가 빠졌는지를 알려 준단다.

실제로 그럴까. 지난 1994년 155명이던 군대 내 자살자 수는 1995년 100명, 2003년 69명, 2004년 66명으로 매년 현저하게 줄어들고 있다. 군인들의 자살률은 일반의 상식과 다르게 군대 밖의 일반 젊은이들의 그것보다도 훨씬 낮다. 20대 국민의 10만 명당 자살자 수는 18.9명인데, 군내 자살자 수는 9.8명으로 절반밖에 안 된다. 군기 확립이 그저 후임병들 괴롭히고, 밤낮 없이 구타와 얼차려를 반복하는 것을 의미한다면, 확실히 군기와 자살은 전혀 반대의 경향을 보이고 있다. 통계에서 확인할 수 있는 것처럼 많이 맞을수록 더 자살할 확률이 높은 것이 더 상식적이지 않을까.

군기가 있다 없다는 것은 기본적으로 군기를 강조하고 싶은 사람의 주관이 개입된 판단이다. 그래서인지 불과 몇 개월 차이에도 불구하고 고참들은 언제나 후임이 군기가 빠졌다고 생각한다. 꼭 군대만이 아니라, 학교든 회사든 위계가 분명한 사회일수록 이런 경향이 심하다. 입사후에 몇 달씩 수습 기간을 두고 있는 언론사도 마찬가지다. 잠도 못 자게 하고, 매일 밤 폭탄주를 퍼붓고는 "그래도 너희는 우리 때보다는 훨씬 편하게 수습 생활 하는 줄 알아"라고 말한다.

언제나 오늘은 어제보다, 어제는 그제보다 군기가 빠졌다고 한다. '요즘 애들 버릇없다'와 더불어 '요즘 애들 빠졌다'라는 말은, 아마도 시공간을 초월하여 생명력을 이어온 가장 오래된 인류의 '푸념'이 아닐까 싶을 정도다.

조직에는 기강이, 군대에는 군기가 필요하다고 생각하는 사람들의 말이 영 틀린 것은 아니라는 반론은 일반적으로는 조직이, 특히 군대의 경우에는 군대 특유의 목적 달성을 위해서 어쩔 수 없는 필요악이 아니냐는 데서 힘을 얻는 것 같다. 인명살상 무기를 다루는 군대에 엄정한 군기가 없으면 본인이나 다른 사람을 상하게 할 수 있고, 전쟁 때 목숨을 걸고 전투를 수행하기 위해서는 평소 강한 정신력과 엄정한 군기로 무장되어 있어야 한다는 거다.

그런데 생각해 보자. 평소 부하를 괴롭히고 인격적인 모욕을 주고 구타를 일삼는 지휘관이나 고참의 지시에 따라 목숨을 걸고 적진을 향해 뛰어가기를 기대한다는 것 자체가 무리가 아닐까. 오히려 가족처럼 대해 주면서 말 뜻 그대로 생사고락을 함께하며 제 몫 챙기기에 앞서 부하나 후임병들을 챙겨 주는 인간적인 상사의 말을 더 잘 따르지 않을까.

　반가운 것은 우리 군에도 이런 인식이 조금씩이나마 확산되고 있다는 거다. 4성 장군인 한 군사령관은 취임하자마자 보낸 '생명과 인권을 중시하는 군만이 싸워 이길 수 있다'는 제목의 첫 지휘서신에서, 대부분 외아들인 장병들의 생명과 인권을 소중히 여겨야 장병들이 체제를 수호할 가치를 느끼고, 그래야 강한 전투력도 만들어 낼 수 있다고 강조했다. 국방부 인권 팀이 나서 대대장급을 비롯한 주요 간부들에 대한 인권 교육을 진행하고 있는 것도 이 같은 반가운 흐름 중의 하나이다.

　한국 군대에서 군기를 위해 행하는 갖가지 구타와 얼차려 등은 외국의 기준으로 본다면 분명 형사처벌을 받아야 할 범죄가 분명하다. 그동안 우리의 관성과 무감각, 무신경이 범죄의 만연을 낳았다 해도 크게 잘못된 말은 아니다. 다른 나라에는 없는 부끄러운 악습은 이제 역사의 무대 뒤로 사라질 때가 되었다. 아니 사라질 때가 지났다.

찜질방과 때밀이

한국에 사는 외국인들에게 한국에 살면서 가장 신기한 게 무엇이냐고 물으면 이구동성으로 '찜질방'이나 '목욕탕' 또는 '때밀이' 등을 꼽는다. 뭐라 부르든 한국 사람들이 한곳에 모여서 몸을 씻고 닦는 것이 그렇게 신기하단다. 일본처럼 온천 문화가 있는 곳에서 온 외국인들은 사람들이 모여서 목욕하는 것이 덜 신기할지 모르지만, 대부분의 서양 사람들에게는 공중목욕탕이란 개념 자체가 낯설고 신기하다.

목욕이라는 극히 개인적인 작업을 공동의 것으로 만들어 버린 목욕탕 문화도 낯설지만, 처음 보는 남에게 등을 밀어달라고 '이태리 타월'이라 불리는 때 미는 수건과 함께 등을 맡기는 모습도 신기하기만 하다. 그뿐인가, '목욕관리사'(보통은 그냥 '때밀이'라고 하지만, 어감이 꼭 좋은 것은 아니어서 요즘은 이렇게 많이 부른다)라는 전문 직업까지 있다.

목욕관리사도 아무나 할 수 있는 것이 아니다. 때 미는 일을 전문적으로 가르치는 학원도 있다. 또한 대개의 목욕관리사는 목욕탕 내 별도의 개인 사업자 지위를 갖게 되는데, 목욕탕 사장은 목욕관리사에게 한 코너를 차지하고 영업을 할 수 있는 권리를 수천만 원의 돈을 받고 판다. 목욕탕 사장에게 줄 수 있는 수천만 원 이상의 목돈이 있어야 목욕관리사 일도 가능하다.

뜨거운 물에 몸을 담그고 피로를 푸는 것은 물론이고, 미용과 건강에 좋다는 각종 서비스도 받을 수 있다. 찜질방 대부분이 24시간 영업을 하는 데다 어느 동네에서나 쉽게 찾을 수 있을 만큼 성업 중이기 때문에, 어디서나 밤낮을 가리지 않고 아무 때나 찾아갈 수 있는 것도 큰 장점이다. 그뿐만이 아니다. 먹고 자는 것은 물론이고, 운동, 영화 관람, 게임 등이 가능한 전천후 문화 공간이기도 하다.

여러 가지 서비스가 한곳에서 한 번에 제공되는데, 가격도 비교적 저렴한 편이다. 찜질방에 아예 수영장까지 갖춰 놓은 곳도 있을 만큼 제공되는 서비스는 갈수록 늘어나고 있다. 아이들의 생일잔치를 찜질방에서 하기도 한다. 어린이들이 좋아할 만한 것을 골고루 갖추고 있으니, 오랫동안 기억되는 추억이 될 수 있다.

많은 사람들이 전문 목욕관리사의 도움을 받아 때를 민다. 어떨 때는 사람들이 몸의 때를 미는 건지 마음의 때를 미는 건지, 아니면 사회생활에서 받은 스트레스를 밀어버리는 것인지 헷갈릴 때도 있다. 실제로 목욕탕에서 만난 많은 사람들의 얼굴은 득도를 위해 겸허히 마음을 모으는 수행자의 표정을 닮았다.

찜질방의 필수 코스인 각종 유황불 등의 본래적 의미의 '찜질방' 또한 몸과 마음을 함께 닦는 곳처럼 여겨지기도 한다. 코를 골며 자거나, 남은 아랑곳하지 않고 시끄럽게 떠드는 사람들도 때때로 있지만, 대체로 매너를 지키며 조용히 자기 자신에게 집중하는 모습들이다. 가만히 앉아 있어도 줄줄 땀이 흐르는 뜨거운 유황불 찜질방은 '예수천국 불신지옥'의 협박에도 의연할 수 있는 근거가 될 듯하기도 하다.

그런데 학자들은 때를 너무 자주 미는 것이 의학적으로 좋지는 않다고 한다. 때 중에서도 공기 중의 먼지나 피부 분비물 같은 것은 때를 밀지 않고 그냥 샤워만 해도 없어지는데, 때밀이 수건을 동원해 박박 밀어대는 것은 순수한 의미의 때이기보다는 피부 각질에 가깝다는 것이다. 피부를 보호하기 위한 각질층을 힘써 벗겨내면 오히려 피부가 건조해지고 거칠어진다는 것이다. 목욕의 특성상 오랫동안 더운 물에 몸을 담그고 난 다음에 때를 밀기 때문에 피부가 입는 손상은 더 크다. 때를 밀어서 피부 노화를 방지한다는 것도 터무니없는 속설에 불과하다는 얘기다.

이런 기초적인 의학 상식에도 불구하고 한국 사람들은 오늘도 목욕탕에 옹기종기 모여 앉아 때를 민다. 정말이지 마치 도를 닦는 사람들 같다. 자기 정화를 위한 수련의 한 과정처럼 여겨지기도 한다. 때 미는 타월의 이름으로 쓰여서 때밀이 문화의 원조처럼 생각되기도 하는 이탈리아 같은 곳에서도 찾아볼 수 없는 한국만의 독특한 풍경이다.

2등은 필요 없다

올림픽 시상식. 금메달을 딴 선수는 물론이고, 동메달 딴 선수도 활짝 웃으며 관중을 향해 손을 흔들 때, 은메달 딴 선수가 고개를 푹 숙이고 침통한 얼굴을 하고 있다면, 그 선수는 십중팔구 한국 선수일 게다.

운동선수가 국가를 대표해서 올림픽에 나간다는 것 자체가 영광스러운 일이다. 더구나 은메달까지 딴다는 것은 세계에서 두 번째로 실력 있는 선수임을 확인받는 것인데도 한국 선수들은 대체로 침울하다. 이유는 간단하다. 1등이 아니기 때문이다. 세계무대에서 1등을 하지 못해 아쉬울 수는 있지만, 2등을 한 것도 대단한 일이다. 그런데 이 대단한 일의 결과가 눈물이라니. 언론의 보도 태도도 어슷비슷하다. 2등은 칭찬과 격려의 대상이 아니다. 부단히 더 노력하고 분발해야 할 아쉬운 패배자일 뿐이다.

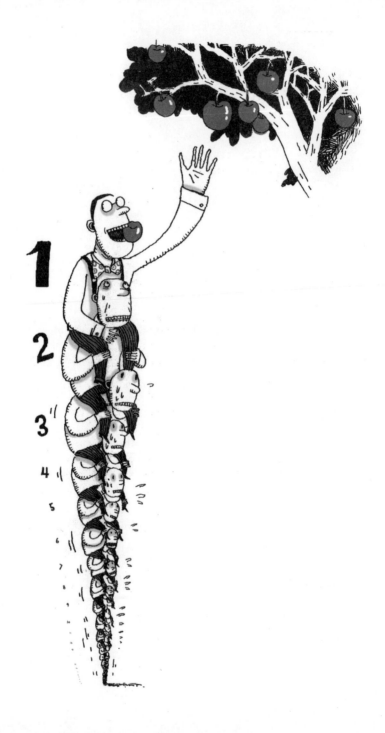

꼭 올림픽만도 아니고, 또 체육 대회만도 아니다. 1등만 주목되고, 1등만 승자가 되고, 2등부터는 모두가 패배자 취급을 받는 1등주의는 우리 사회 곳곳에 깊게 자리하고 있다.

평소에 실력을 갈고 닦은 운동선수가 경기에 나가 바라는 결과로 성취를 얻는 것은 물론 중요하다. 하지만 몇 등을 했는가로 드러나는 결과 못지않게 그 과정도 중요하다. 결과만을 중요하게 생각하면, 과정이야 아무래도 좋다는 생각으로 이어지게 마련이다.

각급 운동부의 구타와 가혹 행위도 과정보다 결과가 중요하다는 생각이 낳은 구태의연한 산물이다. 2학년 학생이 1학년생에게 온갖 심부름과 잡일을 시키고, 기합이 빠졌다며 얼차려를 주거나 집단 구타를 하는 이유도 모두 나중에 있을 시합에서 제 실력을 발휘하라는 뜻이란다. 때려서까지 좋은 결과를 얻어야 한다는 희한한 믿음이 어린 학생들에게 폭력에 대한 감각을 마비시키고 있다. 겨우 중고등학생이거나 대학생일 뿐인 청소년들을 일상적으로 인권 침해와 범죄를 저지르는 악한으로 내몰고 있는 것이다.

2등이 박수를 받는 경우가 아주 없는 건 아니다. 2004년 아테네올림픽 여자 핸드볼 결승에서 한국팀은 세계 최강 덴마크와 붙었다. 역전과 재역전을 거듭하다 경기가 동점으로 끝나 연장전에 들어갔지만, 연장전 결과도 역시 동점. 2차 연장전도 마찬가지였다. 결국 '승부 던지기'로 승패를 가리게 되었다. 결과는 2 대 4, 아까운 패배였다. 은메달이었지만 심판의 석연치 않은 판정, 세계 최강과 펼친 대등한 경기, 손에 땀을 쥐게 한 경기 내용 때문에 핸드볼 선수들은 금메달 못지않은 환영을 받았다. 만약 점수 차가 났거나, 결승에서 선수들 움직임이 예전만 못했거나, 또는 이미 세계 최강 수준에 와 있었다면, 은메달이 금메달만큼의 빛을 발휘하지는 못했을 것이다. 2등을 하고도 박수를 받았던 이 빛나는 명승부는 임순례 감독의 영화 〈우리 생애 최고의 순간〉으로 만들어져 많은 관객들의 사랑을 받았다.

차세대 성장 동력 운운하거나, 소수의 창조적 1퍼센트가 나머지 99퍼센트를 먹여 살릴 거라고 떠드는 사람들도 마찬가지다. 이런 사람들은 한때 황우석이 대한민국을 먹여 살릴 것이라고 환호했었다. 황우석의 연구 성과가 사기가 아니라, 그가 주장하는 그대로였어도 대한민국 국민이 그 때문에 먹고사는 일은 결코 없었을 것이다. 삼성이나 하이닉스의 반도체가 먹여 살리는 것은 대한민국이 아니라 해당 기업의 종업원들일 뿐이다. 물론, 종업원들도 노동을 제공하고 임금을 받으니 공짜로 먹고사는 건 아닐 테지만.

1등의 효용을 과장하는 사람들은 2등부터의 사람들은 쓸모없는 문제적 인간으로 만들어 버린다. 그들의 주장을 따라가다 보면 삼성의 이건희가 국민들을 먹여 살리는 것 같지만, 조금만 주의 깊게 살펴보면 실상은 삼성의 노동자들이 이건희를 먹여 살리고 있다. 곧 이건희가 내지 않은 세금을 대신 내고, 어마어마한 공적 자금까지 부담해야 하는 국가와 국민이 그를 먹여 살리고 있다는 것을 알 수 있다.

사람을 딱 한 가지 면만 갖고 성적을 매기는 것은 불쾌한 일이다. 그런데 나아가 한 번 매긴 성적이 평생을 좌우하고, 오로지 1등만 쓸모 있는 것으로 여기는 비인간적인 세태에서 1등이 아닌 국민 대다수가 행복해지기란 요원한 일이다. 공부하는 시간은 많아도 결국은 대학 갈 때 한번, 취직할 때 한 번 화끈하게 하고는 평생에 걸쳐 아무 공부도 하지 않는, 바보 같은 공부를 되풀이하는 것도 이런 세태 탓이다.

교수들의 '시다바리'

보통의 대학에서 쓰는 '조교 임용 규정'에는 조교가 학과 교수를 도와 교수의 수업 및 학술 연구 활동 보조, 학과 운영에 따른 사무 처리, 학생 지도 등의 임무를 수행해야 한다고 규정되어 있다. 엄연히 임용 규정이 있을 만큼 학교에 소속된 정식 교원이지만, 대체로 교수들의 잔심부름이 가장 중요한 일이다.

심부름을 시키는 교수들에 따라 조금씩 다르기는 하지만, 원서 번역, 논문 정리, 커피 배달, 설거지, 점심 챙기기, 은행 업무 대신 봐주기, 팩스나 우편물 보내기, 강의실 챙기기, 문서 작업 해주기(파워포인트 등), 연락 업무, 복사하기, 담배 심부름, 운전하기…… 뭐 이런 게 대학 조교들의 일이다. 공사의 구분도 없이 그저 종 부리듯 한다.

업무의 속성 자체가 심부름이다 보니, 대개는 그 학과 출신, 그러니까 교수들 입장에서는 제자들이 조교로 뽑히는 경우가 많다. 부리기 쉽기 때문이다. 종처럼 부려먹으니, 근무 시간이 따로 있을 리도 없다. 교수가 출근하기 전에 출근하고, 퇴근한 다음에 퇴근한다. 주말, 휴일, 휴가 같은 것도 교수의 처분에 달려 있다.

　대학 조교는 일반적으로 학부를 졸업한 대학원생이 장학금 혜택을 받기 위해 공부와 병행하는 일종의 알바 개념으로 알려져 있지만, 실제 대학에서 운영하는 조교 제도는 일반의 상식과 크게 다르다. 2005년 민주노동당 최순영 의원의 실태 조사에 따르면, 대학 조교 중 40퍼센트는 직업형 조교였다. 최 의원이 발간한 보고서를 보면, 조사 대상 223개 대학 중 급여를 받는 직업형 조교만 운영하는 대학은 147개였고, 학비 감면만 받는 학생 조교 제도만을 운영하는 학교는 34개에 그쳤다. 두 가지 제도를 함께 운영하는 대학은 31개 대학이었다.

　전문대학의 경우에는 거의 대부분이 급여만 받는 직업형 조교만 있다. 한편 사립대학에는 학생 조교가 압도적으로 많았고, 국공립대학은 직업형 조교가 많았다. 전체적으로는 학생 조교와 직업형 조교가 6 대 4 정도의 비율을 차지하고 있었다.

　재미있는 분석은 전체 조교의 66퍼센트가량이 여성이라는 것이다. 남성보다 부려먹기 쉽고, 기왕이면 조교의 말투와 일 처리가 사근사근하길 바라는 교수들의 봉건적 사고가 한몫을 한 것으로 보인다. 부려먹기 좋은 하급 인간 취급을 받으니, 성희롱과 성차별도 끊이지 않는다. 보통 여성은 사무 조교, 남성은 교육 조교로 역할이 나뉘기도 한다.

　조교는 직업으로서는 매우 불안한 직업이다. 모두가 비정규직이고,

대부분 1년 내지 2년의 계약 기간 동안 일하거나, 교수들 맘에 들면 한 두 번 연장 근무가 가능할 뿐이다. 5년 이상 조교로 일하는 사람은 거의 찾아보기 힘들다. 적당히 나이가 어려야 부리기 쉬운데, 경험이 많고 업무가 숙련되어도 나이가 많으면 자리를 지키기가 어렵다. 전형적인 비정규직인데도 비정규직보호법의 보호 대상에서는 빠져 있다. 일하고 받는 급여도 제각각인데, 국공립대학의 경우엔 대체로 연봉 2천만 원, 사립대학은 1,200만 원 수준이다. 이것도 학교 당국에 의해 정식으로 임용된 경우일 때다. 학과에서 비공식적으로 채용한 조교들은 한 달에 50만 원 남짓이거나 아예 정해진 급여가 없고, 가끔씩 교수가 챙겨 주는 '용돈'만으로 생활하는 경우도 적지 않다. 상시적 저임금과 고용 불안이 조교라는 직업의 가장 두드러진 특성으로 나타나고 있다.

원래 조교는 대학의 시간 강사처럼 대학원 등에서 공부를 계속하는 학생들에게 연구실 등의 편의를 제공하고, 연구와 강의, 그리고 실무 경험을 마련해 주고자 도입된 제도였다. 그렇지만 지금은 고용에 대한 부담 없이 아무 때나 싼값에 쓸 수 있고, 마음껏 부려먹을 수 있는 봉건 시대의 종이나, 고대 사회의 노예를 연상시키는 희한한 제도로 왜곡되었다.

조교 제도를 왜곡한 가장 큰 책임은 역시 교수들에게 있다. 조교들을 종처럼 부리는 사람들이 어떻게 학생들에게 얼굴을 들고 학문을 가르칠 수 있는지 가끔은 신기하기도 하다. 사람이 사람을 어떻게 대해야 하는지에 대한 가장 기초적인 이해도 없는 사람들이 무슨 학문을 연구하고 강의를 한다는 것인지 의아하다.

전국 대학에는 조교로 사는 젊은이가 4만 2천 명쯤 된다. 대학 당국이나 교수들이 인건비 좀 아끼자고 부려먹는 인력이 이렇게도 많다.

종처럼 조교를 부리는 교수들에게 선처를 바란다는 것은 그야말로 연목구어緣木求魚다. 노예는 주인의 회개와 각성이 있었기에 해방된 게 아니다. 사람답게 살자고 하는 끊임없는 투쟁의 결과가 노예 해방이었다.

이렇듯 어처구니없는 조교의 자화상에는, 봉건적 위계와 질서에 저항하지 않는 조교들에게도 얼마만큼의 책임이 있다. 조교들 대부분은 학교나 교수에게 저항하려 하지 않는다. 어차피 오래 머물 것이 아니기 때문이기도 하고, 권력을 지닌 교수가 나눠 줄지도 모르는 무언가에 대한 기대를 끊기도 어렵다.

조교들이 피해자인 것은 분명하다. 하지만 노조 결성을 통해 연대하지도 않고, 비인간적인 처우에 저항하지 않는 수동적 피해자로 머물러 있는 한, 자신들을 종처럼 부리는 일은 되풀이될 것이다. 그야말로 악순환이다.

기러기 아빠의 눈물

명필로 유명한 한석봉의 어머니가 아들의 훈육을 위해 불을 끈 상태에서 떡을 썰면서 아들에게는 글씨를 쓰게 했다는 일화나, 맹자孟子의 어머니가 오로지 자녀 교육을 위해 세 번이나 이사를 했다는 '맹모삼천지교孟母三遷之敎'의 고사를 모르는 한국 사람도 있을까.

온통 희망을 자식에게 걸고 살며 '내 자식만은 특별하다'고 철석같이 믿는 부모들의 선택과 자식을 위한 희생(이게 정말 희생인지는 솔직히 모르겠다)이 낳은 한국만의 풍경이 바로 기러기 아빠다.

매년 약 20만 명의 어린 학생들이 공부를 위해 조기 유학을 떠난다(단기 연수생 포함. 장기 조기 유학생은 매년 3만 명 정도). 20년 전만 해도 청소년 시절에 외국에서 공부할 수 있었던 경우는 외교관이나 상사주재원의 자녀 정도밖에 없었다. 유학을 가더라도 그것은 대학교나 대학원을 다 마친 다음의 일이었다.

20년 동안 끊임없이 성장한 한국 경제는 초등 및 중고생의 해외 유학을 가능하게 했다. 조기 유학을 가는 이유는 다양하지만, 하나의 공통점은 한국의 교육을 믿을 수 없다는 거다. 한국의 교육에 대한 의심과 불만은 대체로 이런 것이다. 그렇게 가르치면 경쟁력 있는 아이로 키울 수 없다, 왕따가 너무 심하다, 교사가 학생을 때린다, 입시 전쟁이 너무 가혹하다, 입시 경쟁을 통과하기 위해 지불해야 하는 비용(학원비와 과외비)이 너무 많이 든다, 영어는 많이 공부하지만 막상 영어로 말하고 듣는 교육은 전혀 안 된다 등 다양한 이유는 곧 한국의 교육이 잘못 되었다는 분석과 판단으로 이어진다. 믿을 수 없으니 밖으로 내보낸다는 거다.

그렇지만 속내를 좀더 살펴보면 조기 유학 자체가 부모의 전략적 선택인 경우도 많다. 보통의 경우 적게 잡아도 학생 1명에 5천만 원 이상의 고비용이 드는 조기 유학을 선택하면서 고민이 없을 리 없다. 비용도 그렇지만 잘못 보내서 아이를 망치지 않을까 하는 것도 걱정거리다. 단순히 국내 명문 대학에 보내는 것만이 목표가 아니다. 영어로 자유롭게 말할 수 있게 하고, 외국 명문 대학 입학까지를 염두에 둔 포석인 경우가 많다. 큰물에서 놀 것이면 일찍부터 환경을 만들어 주어야 한다는 뜻이다. 따라서 조기 유학 붐은 공교육의 체질 개선만으로는 진정시킬 수 없을 것이다.

조기 유학은 일부 부유층만의 전유물도 아니다. 부유층은 물론이고 중산층들도 경쟁적으로 유학을 보내고 있다. 여전히 곁에서 많은 것을

챙겨 주어야 하는 어린 아이들만 낯선 외국에 보내는 것도 불안하니 주로 엄마들이 함께 떠나고, 직장 때문에, 더 정확하게는 유학 비용을 비롯한 생활비를 벌어야 하는 아빠들만 한국에 남아서 살게 되는 풍경이 늘어나고 있다. 누가 붙였는지 모르지만, 이 아빠들에게 근사하게 '기러기'란 이름을 붙여 준 것이다.

일반 시민들뿐만 아니라 공직에 있는 사람들도, 심지어 교육을 책임지는 교수, 교사, 교육 관련 공무원들까지도 자녀를 외국에 유학 보내고 있다. 예전에는 사회적 지탄의 대상이 될까 봐 자녀의 유학 사실을 애써 숨기거나 굳이 말하려 하지 않았지만 요즘은 사정이 다르다. 방송에 자주 나오는 어떤 가수는 자기가 기러기 아빠임을 자랑스럽게 밝히고 있다. 나는 기러기 아빠이니 더 많은 방송 프로그램에 출연하거나 광고도 찍어서 더 많이 벌어야 한다며 너스레를 떨기도 한다. 이 사람을 보면 요즘은 염치없는 것이 트렌드인 것 같기도 하다.

막대한 유학비를 감당해야 하고, 부모자식 관계의 재미도 몽땅 포기해야 하는, 그래서 사실상의 가족 해체를 경험해야 하는 아빠의 심정은 서글프기만 하다. 소주병 끼고 사는 기러기 아빠도 많고, 아내의 불륜을 걱정하거나 아예 이런저런 것 다 포기하고 살아야 하는 아빠들도 많다. 자신을 제외한 가족이 자신을 손님처럼 여기고, 모처럼 만나도 겉도는 만남은 어쩔 수 없다.

미래를 위한 슬픈 투자, 그리고 감당하기 힘든 고독이 기러기 아빠가 감당해야 할 몫이다. 그렇지만 돈이 없어 자녀를 조기 유학의 대열에 동참시키지 못한 수많은 아빠들은 그런 고독이라도 느껴보았으면 하고 바라고 있다. 기러기 아빠인 사람들도, 기러기 아빠가 되지 못한 사람들도 각기 서글프기는 마찬가지인 현실이다.

'술 권하는 사회'의 대리운전

저녁 무렵 핸드폰에 문자 메시지가 계속해서 들어온다. 대리운전 업체에서 보내는 거다. 운전면허도 없는데 매일 저녁 빠짐없다. 바로 바로, 빨리 빨리, 싸고 저렴하게(같은 말 아닌가)…….

한국에서만 찾아볼 수 있는 대리운전이 등장하게 된 것은 경찰의 음주단속 때문이다. 1990년대쯤까지의 음주운전 단속만 해도, 교통 경찰관들이 아예 용돈벌이로 생각해 시민들에게 몇 푼을 뜯기 위해 나서는 경우도 있었고, 여러 가지 급한 형편을 둘러대거나 사정을 하면 봐주는 경우도 있었다. 돈으로 하든 말로 하든 빠져나갈 구멍은 얼마든지 있었던 것과 달리, 1990년대 중반 이후 음주운전 단속이 말 그대로 '법대로' 진행되자 양상이 달라졌다.

음주운전에 대한 법원의 처벌 잣대도 매우 엄격해졌다. 직장 송년 모

임에서 술을 마신 다음에 대리운전 기사를 불렀던 가 씨. 차를 찾기 힘
드니 주차장 입구에 차를 대고 기다려 달라는 말을 듣고 상가 주차장에
서 주차장 밖 도로까지 5미터를 운전했다가 음주운전 단속에 걸려 면허
가 취소되었다. 가 씨는 법원에 면허 취소 처분 취소 소송을 냈지만, 법
원은 거리가 짧아도 운전 장소가 사람과 차량의 통행이 잦은 곳으로 사
고 위험이 높았다는 이유로 기각했다.

도로변에 차를 세우고 회식을 하다 주차 단속반의 경고 방송을 듣고
주차장으로 옮기기 위해 14미터를 운전한 나 씨, 친구 집에서 술을 마
시다 주차장에서 차를 빼달라고 해서 주차장 밖까지 5미터를 몰다가 걸
린 다 씨 모두 면허 취소가 부당하다고 소송을 제기했지만 패소했다.

이쯤 되면 술을 마시고 운전대를 잡는 것은 사고의 위험 때문만이 아
니라, 면허 취소를 비롯한 각종 불이익 때문에도 두려운 것일 터이다.
그렇지만, 한국 사회가 보통 사회인가. 1921년에 발표된 현진건의 소설
제목처럼 '술 권하는 사회'가 아닌가.

"이 조선 사회란 것이 내게 술을 권한다오. 알았소? 팔자가 좋아서
조선에 태어났지. 딴 나라에 났다면 술이나 얻어먹을 수 있나……."

고주망태가 되어 들어온 남편이 아내에게 늘어놓은 변명이다. 1920
년대 초반의 소설이 다룬 사회 분위기가 이 정도인데, 언제 어디서나 술
마실 수 있는 요즘에는 오죽이나 하겠는가.

술은 먹어야겠지만, 음주운전 단속이 부담스러운 사람들의 수요가
'대리운전'이라는 공급을 낳았다.

경제발전으로 인해 소득이 올라가고 너나없이 자가용 운전자가 된 것도 대리운전이라는 독특한 현상을 불러오는 데 한몫을 했다. 차를 놓고 다닐 때 겪는 불편이 싫었던 거다.

대리운전이 본격적으로 등장한 1998년 이전에도 술꾼들에게는 다양한 귀가 방법이 있었다. 버스나 지하철이 끊기기 전까지만 술을 먹기도 했지만 가장 많이 애용한 것은 택시였다. 비용이 좀 부담스럽기는 했지만, 시간에 상관없이 언제든지 이용할 수 있다는 장점이 있었다. '나라시'라고 했던 자가용의 택시 영업도 있었지만, 이제는 규모 있는 술집 주변에서만 간혹 눈에 띌 뿐, 대리운전의 기세에 밀려 완전히 사라져 버렸다.

대리운전의 폭발적 증가는 택시 업계의 심각한 불황(사실, 택시 업계는 희한한 사납금 제도 때문에 불황이어도 별 손해를 보지 않는다. 깨지는 것은 택시 노동자들이다)으로 이어졌다. 택시 업계의 수요와 공급의 불균형은 심각한 수준이다. 손님은 줄어드는데, 택시 차량 대수는 늘어나는 이상한 일이 되풀이되고 있다. 차량 가동률도 2000년대 들어 갈수록 떨어지고 있다.

통계청이 물가 조사를 위해 지표로 삼는 대상 품목에 대리운전이 새로 포함되었을 정도로 우리들 생활 깊숙한 곳까지 들어와 있다. 술 마시는 사람들이 수요를 낳았고, 이 수요가 대리운전이라는 공급을 낳았지만, 지금은 아무래도 공급 과잉 상태가 되었다. 소규모 자본만으로도 시장에 진입할 수 있다는 장점 때문에 업체가 난립하게 되었고, 운전면허만 있으면 맨몸뚱이로도 할 수 있는 일이기에 대리운전 노동자도 부쩍 늘어났다.

대리운전 노동자들이 겪는 고초도 적지 않다. 손님이 전부 취객이다 보니, 이 악물고 참아야 할 일이 한둘이 아니다. 애들 학원비라도 보태 겠다고 나선 엄마들, 하늘 높은 줄 모르고 치솟는 대학 등록금을 벌겠다 고 나선 아빠들도 적지 않다.

공급 과잉으로 업체 간 가격 경쟁이 심해져서 소비자 입장에서는 싼 맛에 대리운전을 부를 수 있어서 좋아졌지만, 일탈도 만만치 않은 것 같 다. 사고가 났을 때 보험 처리가 안 되는 문제는 여전하고, 지금은 대리 운전을 가장한 성매매 업체나 강도도 곧잘 등장한다. 심지어 꽃뱀 대리 운전도 있다고 한다.

편리함도 끝이 없어서 시내만이 아니라, 지방까지 가는 대리운전 기 사도 얼마든지 구할 수 있고, 지방출장 기간 동안 운전을 대신 해주는 지방출장 대리도 있다.

아무튼 음주운전 단속 때문에 대리운전이라는 신종 사업이 등장한 지도 10여 년이 되었다. 그런데 이상한 일이다. 음주운전 단속 건수는 여전히 줄어들지 않고 있다.《경찰 백서》에 따르면 1999년에 연간 21만 건 정도의 단속 건수가 2004년에는 50만 건에 이를 정도로 늘고 있다. 그만큼 술 먹어야 하는 일이 많은 사회인가 보다.

길만 막히면 나타나는 '길거리 상인들'

한국의 자동차 등록 대수는 1,589만 5,234대(2006년 기준)이다. 인구수로 나누면, 자동차 1대당 3명꼴이다. 온 국민을 다 태워도 남을 만큼의 자동차가 다니고 있다.

운전면허 소지자는 2,408만 8,229명(2006년 기준)이다. 인구의 절반이 운전면허를 갖고 있다. 10년 전인 1997년의 자동차 등록 대수는 1천만 대를 겨우 넘었고, 운전면허 소지자도 1천 5백만 명을 넘는 수준이었다. 자동차도, 운전을 하는 사람도 모두 꾸준히 늘고 있다.

도로도 늘고 있지만, 자동차나 운전면허 소지자가 느는 속도에 비하면 더딜 수밖에 없다. 1997년에 7,737킬로미터였던 서울시의 도로연장은 2006년에 8,073킬로미터로 약간 늘었을 뿐이다. 대도시와 대도시 주변의 교통 정체가 갈수록 심각해지는 것은 이런 통계로도 확인할 수 있다. 서울 시내의 자동차 평균 주행 속도는 시간당 22.9킬로미터에 그친다.

교통 정체가 심해지면서 자동차 안에 꼼짝없이 갇히는 경우가 늘게

되었다. 멍하니 앞차의 꽁무니만 쳐다봐야 하니 답답하기도 하고, 목이 칼칼해지기도 한다. 이러한 욕구를 충족시켜 주는 것이 바로 도로에서 먹을거리를 파는 '길거리 상인'들이다. 보통은 도로 옆에서 팔지만, 교통 정체가 심해지면 언제든지 차도로 들어와서 물건을 판다. 커피, 녹차, 얼음물과 각종 청량음료는 기본이고, 옥수수, 바나나, 귤, 감자, 밤, 뻥튀기, 호두과자에 떡까지 그야말로 없는 것 빼고는 다 있을 정도로 다양한 품목을 취급한다.

서울 시내에서는 좌판을 펼칠 만한 공간도 없고 단속도 심한 터라 '길거리 상인'이 별로 없지만, 서울을 벗어난 교외에는 셀 수 없을 정도로 많은 사람들이 이 일을 하고 있다. 유시민은 《경제학 카페》에서 이들을 '한국도로공사 병목관리과 고객 서비스센터 요원들'이라 장난스럽게 불렀지만, '길거리 상인'들의 삶은 팍팍하기만 하다. 한결같이 적당한 직장을 갖지 못했고, 적당한 가게를 낼 형편도 못 되는 사람들이다.

교통 체증은 자동차 공회전을, 자동차 공회전은 심한 매연과 유독가스를 만든다. '길거리 상인'들이 마스크를 쓰지 않을 수 없는 까닭이다. 한손에 뻥튀기 한 다발, 다른 손엔 커피를 담은 보온병 같은 것을 들고 도로 한복판에 불안하고도 위태로운 자세로 종일 서 있어야 한다. 열악한 환경에서 노동 강도 또한 엄청나지만 하루 종일 일해 봐야 몇 만 원 손에 쥐기도 어렵다.

수요에 비해 공급이 너무 많은 탓에 장사가 잘 되지 않는다. 없으면 자동차가 꿈쩍도 못하게 되는 휘발유처럼 꼭 필요한 물건을 파는 것도 아니라 먹어도 그만 먹지 않아도 그만인 군것질거리를 팔고, 그나마 장사가 좀 될 만한 길목에는 장사꾼이 잔뜩 몰린다. 차 막히는 곳을 먼저 발견했다고 자릿세를 받을 수도 없고, 누군가 치고 들어온다면 할 수 없이 공생해야 한다.

장사를 할 때도 그냥 한곳에 서 있으면 안 된다. 도로의 흐름을 언제나 예의주시해야 한다. 차량 사이를 빠른 걸음으로 오가면서도, 차량을 끊임없이 살펴야 한다. 마치 사주경계四周警戒를 하듯. 그러다 누군가 창문을 열어 손짓을 하면 아슬아슬하게 자동차를 피해 가며 냉큼 뛰어가야 한다. 운전자의 손짓을 기다리는 이들의 모습은 새벽을 기다리는 파수꾼보다 훨씬 처연해 보이기도 한다.

도로 한복판에 서 있는 것도, 이리저리 옮겨 다니는 것도 모두 위험한 일이다. '길거리 상인'들이 당하는 교통사고 건수는 통계조차 없다. 하루 종일 서서 일하고 매연 뒤집어쓰면서 이리저리 뛰어다니는 것도 힘들지만, 뻥튀기 등 파는 물건의 이문도 박하기만 하다. 박리다매薄利多賣라면 돈 버는 재미라도 있을 텐데. 상인들 간의 경쟁이 치열하고, 운전자 입장에서는 휴게소를 비롯해 선택의 폭이 넓기 때문에 이문을 많이 붙이면 절대로 장사가 안 된다. 아무튼 셀 수도 없이 많은 사람들이 생계를 잇기 위해 '길거리 상인'이 되어 위험한 환경에서 장사를 하고 있다.

정규 일자리가 없어 비정규직으로, 그것도 없어 듣기만 좋은 자영업으로 쫓겨난 서민들의 일상은 이렇게 고단하기만 하다.

화이트 데이에서 빼빼로 데이까지

2월 14일 밸런타인데이.

3세기경 로마 황제 클라디우스 2세가 군 전력 유지를 위해 금혼령을 내리자, 젊은이들의 사랑을 안타깝게 여긴 사제 발렌티노는 몰래 젊은이들을 결혼시키는 일을 했다. 이 일이 들통 나 죽임을 당하게 되었는데, 그가 희생된 날이 바로 2월 14일(서기 269년)이었다. 이게 유래가되어 발렌티노 성인의 축일인 2월 14일에 친구나 연인 사이에 작은 선물이나 카드를 주고받는 풍습으로 이어졌다고 한다.

이게 어찌된 영문인지 여성이 좋아하는 남성에게 초콜릿을 선물하고 사랑을 고백하는 날이 되었는데, 일본의 한 제과 업체의 상술 때문이다. 1958년 일본 제과 업체 모리나가는 이날 하루라도 여성도 자유롭게 남성에게 사랑을 고백하자, 초콜릿을 선물하면서 사랑을 고백하자는 캠페인을 진행했다고 한다.

화이트데이도 이 회사의 작품이다. 밸런타인데이 상술로 초콜릿이 날개 돋친 듯이 팔려 나가자, 이번에는 사탕 판매를 위해 "2월 14일에 초콜릿으로 받은 사랑을 3월 14일에 사탕으로 답하라"는 광고를 했다고 한다.

일본 제과 업체의 상술로 시작된 밸런타인데이와 화이트데이가 한국 사회에 하나의 문화로 자리 잡게 된 것은 1980년대 초반쯤부터였다. 밸런타인데이가 로마-유럽 전통에서 '사랑'을 생각하는 날은 맞지만, 갑자기 초콜릿이 끼어들고, 화이트데이까지 생겨나게 된 것은 일본의 영향이다. 하지만 그 다음에 따라오는 각종 데이^{Day}들은 한국에만 있는 순 토종들이다. 매월 14일만 꼽아 보자.

1월 14일 — 다이어리데이(다이어리를 주며 사랑 계획을 하는 날)

2월 14일 — 밸런타인데이(남성에게 초콜릿을 주는 날)

3월 14일 — 화이트데이(여성에게 사탕을 주는 날)

4월 14일 — 블랙데이(솔로들끼리 자장면 먹는 날)

5월 14일 — 로즈데이(연인에게 장미를 선물하는 날)

6월 14일 — 키스데이(연인과 가볍게(?) 키스하는 날)

7월 14일 — 실버데이(은반지를 주며 미래를 약속하는 날)

8월 14일 — 그린데이(예전에 '그린 소주'가 있었던 탓에 솔로는 소주 마시며 외로움을 달래고, 커플은 산림욕하며 무더위를 달래는 날), 뮤직데이(나이트클럽에서 춤추는 날)

9월 14일 — 포토데이(기념사진 찍는 날)

10월 14일 — 와인데이(분위기 좋은 곳에서 가볍게 와인 마시는 날)

11월 14일 — 무비데이(조금은 야한 영화를 손만 꼭 잡고 같이 보는 날)

12월 14일 — 머니데이(남자가 여자를 위해 돈을 팍팍 쓰는 날)

이 밖에도 육아데이, 삼겹살데이, 구구데이, 천사데이, 빼빼로데이 등등 각종 '데이'들이 넘쳐 난다. 조금은 얄궂고, 또 특정 기업의 장삿속이 너무 뻔히 보이기도 하지만, 건조한 일상의 연속으로 팍팍하게 사는 것보다는 무슨 데이를 기다리며 삶에 포인트를 주는 것도 좋은 방법인 것 같다.

그런데 정을 나누는 것이 2월에는 초콜릿, 3월에는 사탕, 11월에는 빼빼로, 하는 식으로 천편일률적일 게 아니라, 남들이 하지 않는 방식으로 하는 것은 어떨까. 기계적으로 초콜릿을 선물하는 날에는 기껏 마음을 담아 보아야, 좀더 비싼 초콜릿(그래봐야 요란한 포장을 뜯고 나면 비슷하지만)을 고르는 수준에서 맴돌 수밖에 없다. 그런 것 말고, 정을 담은 편지를 보낸다거나, 치아에 좋지 않고 혈당만 높이는 초콜릿이 아닌 다른 선물을 고르는 나만의 개성이 너무 아쉽다.

언제나 친절한 고속도로 톨게이트 계산원

가끔 고속도로 톨게이트를 지날 때마다 어색하다. 주로 아주머니들이 계산원 일을 보고 있는데, 언제나 표정이 밝고 인사도 깍듯하다. "안녕하세요, 고객님. 통행료 0000원이 나왔습니다. 잔돈 거슬러 드리겠습니다. 감사합니다. 또 이용해 주십시오." 늦은 밤에도, 새벽에도 깍듯한 인사는 한결같다. 피곤할 텐데 어쩜 저렇게 늘 단 한 번의 예외도 없이 친절할 수 있을까.

비결은 나중에 알았다. 비정규직 문제를 연구하고 실천하는 데 열심인 한국비정규노동센터 김성희 소장의 강의를 들은 다음이었다. 김 소장에 따르면, 고속도로관리공단에서 고속도로 톨게이트 노동자들을 아웃소싱으로 구한 다음 불시에 암행 감찰을 벌인단다. 그래서 불친절한 직원이 있으면 하청 업체에 당장 해고할 것을 요구한다.

그러니 톨게이트 계산원 노동자들(주로 여성 주부들)은 어쩔 수 없이 언제나 친절해야 한다는 것이다. 아무리 피곤해도, 아무리 졸려도, 무슨 일이 있어도 그 자리를 지키기 위해서, 곧 직장에서 쫓겨나지 않으려면 친절 또 친절해야 한단다. 어쩌다 한 번의 불친절이 해고 사유가 된다는 위협 앞에서 친절하지 않을 도리가 없다. 해고 협박으로 강요된 친절, 살아남기 위해 친절해야 하는 노동자들의 힘겨운 웃음을 지켜보면, 도대체 이게 사람 사는 세상인가 싶다.

언젠가는 KT가 느닷없이 전화를 해서는 "고객님, 사랑합니다"라고 하여 민망할 때가 있었다. 허걱, 세상에 얼굴 한 번 본 적이 없는데, 어떻게 날 사랑한단 말인가. 알지도 못하는 사람을 다짜고짜 사랑한다니, KT 직원들은 모두가 부처고 예수란 말인가.

내가 사랑하는 사람, 또는 사랑받고 싶은 사람에게 듣는 사랑한다는 말은 인생을 따뜻하고 풍요롭게 하고, 살아갈 의미를 일깨워 준다. 자녀를 둔 부모들에게는 뻔한 이야기일 수 있지만, 1년에 단 하루 5월 8일 어버이 날이라도 아이들이 손수 만든 카네이션을 달아 주며 "아빠, 사랑해요"라고 말할 때, 나는 사는 맛을 느낀다. 그래 이 맛이야, 이래서 세상은 살 만한 거야. 아내와도 마찬가지다. 평소 무뚝뚝하게 감정을 드러내지 않다가도 문득 고맙다거나 수고했다, 또는 사랑한다는 말을 하면 그 말 한마디가 나에게 살아갈 용기를 주고 삶을 의미 있게 한다.

그런 말들에는 마음이 담겨 있다. 그런데 무턱대고 사랑한다거나 고맙다든가 하는 말들은 오히려 그 말을 듣는 사람을 초라하게 한다. 물론 정말로 고객들이 고마워서 그런 말을 할 수도 있을 게다. 이렇게 우리 회사의 물건을 사 주고, 이렇게 우리 회사를 이용해 줘서 고맙다고 인사

할 수 있다. 그런데 그게 아니라, 오로지 회사에서 시켜서, 암행 감찰이 두려워서 하는 소리라면 이건 좀 문제다.

밥줄을 쥔 누군가의 지시와 강압에 의한 친절은, 친절을 가장한 봉건이요 친절을 강요한 압제일 뿐이다. 사랑과 감사의 마음을 그런 식으로 왜곡해선 안 된다. 손님의 중요성을 강조하기 위해 "손님은 왕"이라고까지 추켜세우지만, 아무리 왕이라도 왜곡된 사랑과 감사에는 흡족하지는 않을 게다.

좀 피곤하면 피곤을 그대로 드러내면 안 될까. 일하러 나왔지만 마침 자식이 속을 썩여서 한창 짜증이 났다면, 그 짜증이 말로는 아니라도 표정으로 드러나면 정말 안 되나. 어째 한결같이 그렇게 밝은 표정으로 친절해야 하고, 알지도 못하는 사람들에게 사랑한다고 말해야 하나.

사랑하지 않은 것은 물론이고 생전 처음 본 사람들에게 매일처럼 "사랑합니다"라고 말해야 하고, 그렇게 하지 않고서는 먹고살 수 없다면 너무 가슴 아픈 일이 아닌가. 사랑과 감사를 겨우 고객 만족 마케팅으로, 그것도 절대 통하지 않을 마케팅으로 쓰는 기업은 사랑과 감사와는 너무 먼 거리에 있다. 어쩔 수 없이 친절을 팔아야 하는 노동자들만 안쓰럽다.

명함이 중요해

한국에서는 나이가 한 살이라도 많은 이에게 "○○씨"라고 부르면 결례라고 생각하는 사람들이 많다. 나이가 한 살이라도 많으니, 그에 맞는 격식과 기준에 따라 알맞은 대접을 해야 한단다. 단순히 나이에 따른 대접만이 아니다. 그 사람이 갖고 있는 직함도 격식에 맞는 대접을 위해선 아주 중요하다.

그래서 직함은 언제나 인플레이션 상태다. 이를테면, 천주교에는 신자들의 다양한 단체가 활동하고 있다. 성가대라면 무엇을 하는 단체인지 누구나 쉽게 알 수 있지만, 이름조차 낯선 단체도 많다. 보통 회원이 10명 미만인 단체도 수두룩한데, 이들 단체마다 공통점은 회장이 꼭 있다는 것이다. 그러니 한 성당에도 수십 명, 많게는 수백 명의 회장이 있는 터라, 전체 평신도 모임의 회장은 특별히 위상을 달리 하기 위해 '총회장'이라고 부른다. 이렇게 하면 흔하디흔한 다른 회장들과는 확실히 격이 달라 보인다. 그런데 각 성당마다 1명씩만 치더라도 전국적으로는 총회장이 수천 명이나 된다. 그럼, 총회장들이 모인 단체의 회장은 무어라 부를까. 총총회장? 특별회장? 최고총회장? 정답은 그냥 회장이다. 그냥 회장이라고 쓰는 대신 이 경우에는 단체 이름을 강조한다.

세상을 바꾸기 위해, 아니 최소한 세상이 더 썩지 않기 위해 노력한다는 시민사회 단체들에도 직함 인플레이션 현상은 마찬가지다. 어떤 기준인지는 모르지만, 대개가 상임대표—공동대표—집행위원장—사무총장—사무처장—사무국장—부장—간사 식의 위계에 따른 직함을 갖고 있다. 단체들끼리 연대를 위해 회의를 열 때는 아예 친절하게 '국장급 회의'니 '간사급 회의' 또는 '총·처장급 회의'라는 안내를 해주기도 한다. 굳이 영어로 하자면 모두가 Secretary General인데, 우리말로는 사무총장, 사무처장, 사무국장 등 다양하게 쓰이고 있다. 총장과 처장, 국장의 차이는 무엇일까. 규모가 큰 단체라면 다양한 부서를 두어야 하고, 부서마다 집행 책임자를 배치해야 하기 때문에 총장이나 처장이란 좀 특별해 보이는 직함이 필요할 수도 있다.

그렇지만 한국의 시민 단체 가운데 그 정도 규모를 가진 곳은 전혀 없다. 참여연대의 경우 상근자가 기껏해야 50명 정도밖에 안 되고, 경실련이나 환경운동연합 등 최고 규모를 자랑하는 시민 단체들도 어슷비슷한 수의 인원이 활동하고 있다. 상근자가 2천 명쯤 되면 모르겠지만, 겨우 50여 명 모여서 활동하면서, 위계를 분명히 드러내는 여러 가지 직함을 두는 이유를 솔직히 이해할 수 없다.

상근자가 겨우 두세 명이거나 심지어 혼자서 일하는 데도 사무총장이나 사무처장이라고 하는 경우도 많다. 이것도 역시 원칙이 없다. 내가 보기에는, 나이가 좀 많으니 특별한 예우를 받고 싶은 이유도 있겠고, 그저 직함에서라도 무시당하지 않았으면 하는 바람이 있는 것 같기도 하다.

한 10년 전쯤에 만난 일본 천주교정의평화협의회 사무국장 기무라 겐조 씨는 당시 70대 노인이었다. 그의 명함에는 사무국장이라고 적혀 있었고, 그는 젊은이처럼 현장을 뛰어다녔다. 우리나라에도 만약 70세쯤 된 활동가가 있다면 그에게는 어떤 직함이 붙어 있을까. 고문 혹은 상임대표가 아닌 경우를 상상하기 어렵다.

그나마 덜 권위적이라는 시민사회 단체가 이 정도이니, 다른 곳은 말하는 것이 민망한 경우도 많다. 학교에는 보통 3단계에 걸친 위계가 있다. 우리가 흔히 알고 있듯이 교장─교감─교사의 서열이다. 그런데 요즘엔 여기에 '부장'도 끼어 있다. 평교사 중에서 이러저러한 보직을 맡은 교사들을 부르는 호칭인데, 이것이 교직 사회에 굳건한 뿌리를 내렸다. 내 생각에는 그냥 '선생님'이라고 부르는 것이 훨씬 더 공경의 뜻을 담는 게 아닐까 싶은데, 그네들은 굳이 '부장님'이란 호칭을 쓴다. 너도나도 다들 '선생님'이니 뭔가 다른 호칭, 뭔가 다른 예우가 필요했나 보다. '부장님'이 학교에서는 귀한 직함인지 모르지만, 교문 밖에 나가면 흔해 빠진 게 '부장님'들인데도 그렇다.

겨우 한두 달 임명직 장관을 한 사람들도 죽을 때까지 '장관님'이라 불린다. 남들도 그렇게 부르고, 자신도 그런 표현을 듣기 좋아하는 것 같다. 대학에서 한 번 대학총장을 했던 사람은 보직을 그만두어도 언제까지나 '총장님'이다. 또한 뭐니뭐니 해도 가장 대표적인 것은 '사장님'이다. 이른바 예우 차원에서 그렇게 하는 것인데, 외국인들이 볼 때는 참으로 희한한 일이 아닐 수 없다. 좋은 직함, 근사한 직함이 아니라 그냥 이름 석 자로도 얼마든지 명예로울 수 있도록 자신을 갈고 닦는 것이 훨씬 지혜로운 태도가 아닐까.

외모가 인생을 바꾼다

옥황상제가 염라대왕을 면직시켰다고 한다. 염라대왕이 맡은 가장 중요한 임무는 지옥 갈 사람과 천당 갈 사람을 골라내는 것인데, 최근 들어 유독 실수가 많았다는 것. 대부분 한국 사람들 때문인데, 워낙 성형수술을 많이 한 탓에 얼굴을 알아보지 못했다나 어쨌다나.

인터넷에서 떠도는 썰렁한 농담이다. 그러나 현실은 우스갯소리에서 멈추지 않는다. 3S 라인, 몸짱, 얼짱 등은 마치 종교 경전에 나오는 경구마냥 모두가 따라야 할 가치요 성스러운 지향처럼 숭앙되고 있다.

오늘날 한국은 잘 생긴 것, 잘 빠진 것, 섹시한 것이 최고의 덕목으로 여겨지는 시대다. 그러니 말 그대로 '뼈를 깎는' 고통이 따르고 엄청난 돈을 들여서라도 성형수술은 '성공 인생'을 위한 필수가 된 듯하다. 성형을 하고 나서 자신감을 얻고, 연애와 결혼도 하고, 취직 등 사회생활을 하는 데도 큰 도움이 되었다는 넘쳐나는 사례들은 이제 너무 흔한 이야기다. 목돈이 드는 성형수술을 받기 위해 돈을 모으는 사람도 많으니, 한국에서는 생계 때문이 아니라 얼굴과 몸매를 고치기 위한 노동도 많다. 성형수술이라 함은, 예전에는 얼굴로 먹고사는 연예인들이나 하는 것으로 여겨졌지만, 지금은 전 국민적 호응을 얻고 있다. 성형한 연예인의 얼굴을 보고, 돈 주고 외모를 꾸몄다거나 자연미가 없다고 비난하는 사람들은 시대에 뒤떨어진 옛날 사람 취급을 받는다.

성형수술을 받은 사람들도 자연스럽고 당당하다. "나 성형했어. 어쩔래?"의 정도를 넘어서, "나 성형했다. 부럽지? 너희도 돈 벌어서 해라"의 수준까지 이르렀다. 이제 성형은 단지 예뻐지기 위한 노력만이 아니라 확실한 미래에 대한 투자이기도 하다.

외모에 대한 한국인들의 과도한 집착은 곳곳에서 확인할 수 있다. 나는 중월中越 국경에서 행방불명된 탈북자들을 찾으러 베트남에 간 적이 있다. 이런저런 도움을 받고자 KT 베트남 지사에 들렀는데, 그곳에서 일하는 여성들을 보고 놀라지 않을 수 없었다. 한결같이 미스 베트남 출신쯤 되는 빼어난 미모들이었다. 예쁘고 몸매 좋은 아가씨들만 뽑아 놓은 것이 분명했다.

한국 국적기를 탈 때와 외국 비행기를 탈 때도 이런 현상은 금세 목격된다. 한국 국적기의 여승무원들은 한결같이 젊고 날씬하고 아름답다. 뚱뚱하거나 나이 많은 여성, 혹은 외모가 떨어지는 여성은 아예 없다. 외국 비행기에서 일하는 여승무원들의 모습과는 판이하게 다르다.

그렇다면 나이가 많거나 얼굴과 몸매가 예쁘지 않은 대개의 여성들은 채용에서 불이익을 받는다는 것인데, 국가인권위원회가 활동하는 나라에서 이런 유치한 차별이 남아 있다는 것이 참으로 이해가 되지 않는다.

외모를 중요하게 생각하는 풍토는 한창 공부해야 할 대학생들의 모습에서도 확인할 수 있다. 한국의 대학을 찾은 외국인들은 모두들 근사한 차림에 화장까지 한 학생들이 강의실에 나타나는 것을 보고 깜짝 놀라곤 한다. 하긴 가까운 동네 슈퍼를 갈 때도 간단한 립스틱을 바르는 것이 센스가 되고, 예의가 되었을 정도다.

성황을 이루는 성형외과 병원들은 외모지상주의가 상업화된 한국의 현실을 고스란히 보여 준다. 사전적 의미의 성형수술은 "상해 또는 선천적 기형으로 인한 인체의 변형이나 미관상 보기 흉한 신체의 부분을 외과적으로 교정·회복시키는 수술"이다. 그렇지만, 이러한 규정은 최소한 한국에서는 그 의미를 달리한다. 이를테면 화상을 입은 환자가 받는 수술, 교통사고 등 불가피한 사고 때문에 받는 성형이 아니라, 의학적으로 아무런 문제가 없는데도 그저 좀더 예뻐지기 위한 성형수술이 한국에 성업 중이다.

예전에야 쌍꺼풀을 만든다든지 하는 부분 성형이 많았지만, 지금은 아예 얼굴의 윤곽 자체를 바꾸는 과감한 성형이 늘고 있다. 턱을 깎고 코를 세우고, 몸매의 윤곽마저 바꿔 버리는 '미녀는 괴로워' 식의 종합적 수술이 유행이다.

서울 강남구에는 개업 중인 병의원의 3분의 1이 성형외과이고, 성형

· 189 ·

타운이라 불리는 압구정역 일대에는 300개 이상의 성형외과가 성업 중이다. 협회에 등록된 개원의의 3분의 1이 이곳에 몰려 있다. 정작 강남에 사는 사람들은 아파도 갈 만한 병원이 없다는 푸념이 나올 정도다.

성형수술을 워낙 많이 하니, 수술 솜씨도 많이 느는가 보다. 한국으로 성형수술을 하러 오는 외국인도 적지 않은데, 한류 열풍과 함께 한국 연예인처럼 만들어 달라는 성형 관광객의 수도 만만치 않다. 80여 개의 성형외과가 몰려 있는 부산 서면은 아예 '뷰티타운'이라 불릴 정도다.

수요가 급증하니 전문의가 아닌, 다른 과목을 전공한 의사들의 성형외과 개업도 늘고 있다. 돈이 되는 과목을 좇는 의사들의 행태가 낳은 기형 현상이다. 수술 부작용을 호소하는 사람도 따라서 늘게 되고, 지방 흡입술 도중에 사망하는 등, 성형수술로 인한 피해도 늘고 있다.

대부분의 의료 사고 피해가 그렇듯, 성형수술로 인한 피해도 적절한 보상을 받기란 쉽지 않다. 환자와 의사가 지식 정보에서 최소한의 균형도 이룰 수 없을 정도로 일방적인 차이가 있고, 의사의 과실을 입증하기도 쉽지 않기 때문이다. 성형수술을 결정하기 전에 상당한 주의가 필요한데, 예뻐지기 위해서라면 돈이 얼마가 들더라도, 어떤 희생을 치르더라도 상관없다는 사람들이 끊이지 않는 한 불필요한 충고가 될 뿐이다.

사회생활에 지장을 줄 만큼 외모에 큰 문제가 있다면 또 모르지만, 왜 이렇게까지 자신의 몸에 칼을 대야 하는 걸까. 물론 지독히도 외모를 따지는 오늘날 한국 사회의 풍토에서 그들만을 탓할 수는 없지만, 왜 이

렇게들 자신이 없는 걸까. 왜 스스로를 사랑하지 못하고, 획일적인 기준
에 자신을 억지로 끼워 맞추려는 것일까.

뛰듯 날 듯 바쁜 결혼식 풍경

결혼은 서로 다른 환경에서 살아온 두 사람의 사랑을 확인하는 떨리는 순간이고, 그동안의 만남을 넘어 새로운 만남으로 이어지는 절정의 순간이다. 두 사람이 가족이 되기를 서약하고, 즐거운 일이 있을 때는 물론이고, 궂은 일이 있을 때도 평생을 한결같이 사랑과 믿음을 나누며 살겠다는 약속은 삶의 무게 전체를 걸 만큼 엄숙한 것이고, 주변 사람들의 축복을 받아 마땅한 일이다.

교회나 사찰에서 하는 결혼식, 전통 혼례, 또는 조용히 집안 식구들만 모여서 하는 조금은 특별한 결혼식을 제외하면, 거의 대부분의 결혼식은 판에 박은 듯 똑같이 진행된다. 꼭 결혼식만 그런 것이 아니라, 한국 사람들의 관혼상제 풍경은 너무도 비슷비슷하다.

사랑이 무르익고 결혼을 하겠다고 결심하면, 이제는 결혼을 위한 정형적인 순서를 밟아야 한다. 결혼하기 위한 방법을 알려주는 기본 매뉴

얼이라도 있는 양 한결같다.

일단 상대방의 부모들에게 인사드리는 것부터 시작한다. 밖에서 약속을 잡는 경우도 더러 있지만, 대개는 집에 찾아가서 정중히 인사를 올린다. 결혼 의사를 정식으로 밝히고, 어느 학교에서 무엇을 공부했으며 현재는 어떤 일을 하고 있는지, 사는 곳은 어디고 부모는 무슨 일을 하는지, 어느 지역과 가문 출신인지 등의 형사 정보를 낱낱이 밝혀야 한다.

게다가 상대방 집이 이른바 '혈통'을 따지는 '뼈대 있는 집안'이라 하면, 자기네 조상들에 관한 정보도 필요하다. 생전 들춰 보지 않던 족보를 찾아 자기 집안의 시조는 누구이며, 조상 중에 훌륭한 분이 있는지, 나는 그분의 몇 대 손인지 등등도 미리 꼼꼼히 외워 두는 전략이 도움이 된다.

시인 박노해가 김진주와 결혼할 때, 세상을 보는 눈이 남달랐던 김진주의 아버지는 흔쾌히 결혼을 허락했다지만, 이는 한국 사회에서 매우 특별난 경우다. 여성이 경상도 출신에 부모가 살아 계시며 이화여대 약학과를 나왔고 개신교 집안인 데 비해, 남성은 여성보다 나이도 어리고, 전라도 출신에 홀어머니를 모시고 있으며, 학력은 상고 야간을 겨우 졸업한 게 전부고, 게다가 종교마저 다르다면 이 결혼이 성사될 가능성은 거의 없다고 보아야 한다. 한국에서 결혼은 당사자 간의 결합이기도 하지만, 대충 격이 맞는 집안끼리의 만남이기도 하기 때문이다. 아무튼, 마치 피의자 신문 조서를 쓰는 것처럼 형사적인 질문과 답변만 오가는 만남은 양가의 상견례까지 이어진다.

상견례를 마치고 결혼이 정식으로 결정되면, 신랑 신부는 일정을 쪼개가며 매우 분주하게 뛰어다녀야 한다. 손 없는 날을 택해 결혼할 날을 정하면 이에 맞게 결혼식장을 잡는다. 피로연을 할 업체를 선정하고 예단을 주문하고, 양가 식구들에게 골고루 나눠 줄 한복이나 양복도 맞춰야 한다. 집을 구해야 하는 것은 물론이고, 신접살림도 꾸려야 한다. 쓸모가 떨어져도 텔레비전, 냉장고(요즘에는 김치 냉장고와 와인 냉장고 정도까지는 필수란다), 장롱과 각종 가구를 준비해야 한다. 옳거니, 비데도 빠질 수 없다.

뛰어다니다시피 하며 허겁지겁 야외 촬영과 스튜디오 촬영도 마쳐야 한다. 아참, 일가친척과 친구들, 그리고 알 만한 모든 사람들에게 청첩장을 보내는 것은 가장 중요한 일 가운데 하나다. 이번에 일가를 이루게 되었으니 꼭 참석하시어 축복해 달라는 청첩장의 한결같은 문구는, 봉투 들고 오라는 뜻으로 자동 번역된다.

막상 결혼식 날에는 분주하다고 표현하기도 민망할 정도로 바쁘게 시간을 보내야 한다. 미장원에 들러 머리를 하고, 긴 시간 동안 화장을 해야 한다. 남성이라고 예외는 아니다. 맞춰 놓은 예복을 갖춰 입고서 찾아오는 사람들을 기다려야 한다.

그래도 결혼식 자체는 간단하다. 좋은 대학 나와서 유망한 직장에서 일하는 유능한 인재라는 신랑 신부 소개로 시작해서 검은 머리 파뿌리 되도록 오래 행복하게 살라는 말로 끝나는 뻔한 주례사. 그리고 대개는 신랑의 친구가 맡는 사회자의 주문에 따라 만세 삼창, 팔굽혀펴기 등 별

짓을 다하는 퍼포먼스가 이어진다. 그런데, 결혼식장에서 신랑의 체력을 점검한다는 발상이 도대체 어디서 나왔는지 모르겠다.

그래도 결혼식은 후다닥 끝난다. 똑같은 표정에 똑같은 포즈로 일가친척, 친구들과 사진을 찍는다. 신부가 부케라고 하는 꽃다발을 친구에게 던지는 것도 죄다 똑같다. 왜 던지는지, 유래는 뭔지 따위는 몰라도 그만이다. 그저 사진 찍는 사람의 지시에 따라 신부는 기계적인 동작을 하고, 친구들은 박수를 친다. 그냥 사진만을 남기기 위한 퍼포먼스 같다. 이 모든 절차를 30분도 안 되는 짧은 시간에 후다닥 해치워야 한다.

하객들도 결혼식 자체에는 그다지 관심이 없다. 봉투 내고는 곧바로 밥 먹으러 가는 사람도 많다. 식구들이야 앞쪽 줄에 앉아 식을 지켜보면서 체면치레를 하지만, 신랑 신부의 친구들조차도 뒤쪽에 서서 자기들끼리 수다를 떨거나 아예 식장에 들어오지 않는 경우도 많다. 식장 앞에 놓인 방명록에 서명을 하는 것과 축의금을 내는 것이 역시 핵심이다.

결혼식이 끝나도 허겁지겁은 다르지 않다. 시집 어른들 모시고 폐백을 해야 하고, 후다닥 피로연장으로 가서 하객들에게 인사도 드려야 한다. 재빨리 옷을 갈아입고는 이제는 친구들이 모여 있는 제2의 피로연장을 찾아가야 한다. 최근에는 그래도 많이 없어지고 있지만, 거의 고문을 연상시키는 각종 엽기적인 장난을 받아주기도 해야 한다. 물론, 친구들이 실컷 퍼마시는 비용은 신랑 신부가 모두 부담해야 한다.

이래저래 한참을 시달리고 난 다음에는 이른바 웨딩카를 타고 공항으로 직행한다. 행선지만 다를 뿐 신혼여행도 대개 비슷한 풍경들이다.

수학여행보다 빡빡한 일정을 소화하느라 가이드의 꽁무니만 뒤쫓아 다니기 일쑤다. 이때 식구들에게 줄 선물을 챙기는 쇼핑은 관광보다 중요하다. 사랑을 확인하고, 차분히 앞날의 계획을 세우며, 서로에게 감사할 시간적 여유조차 갖기 힘들다. 현기증 날 정도로 아찔한 속도와 언제나 똑같이 되풀이되는 퍼포먼스가 있을 뿐이다.

제 정신으로는 또다시 할 수 없다는 결혼식, 결혼은 몇 번 더할지언정 결혼식은 절대 하지 않겠다는 신혼부부들의 한결같은 후일담은 오늘날 한국의 결혼식 풍경을 고스란히 보여 준다.

죽은 다음에 가는 병원

죽음은 늘 고통처럼 우리를 짓누르지만, 잘 죽는 것이야말로 큰 복이다. 어떻게 죽는 것이 잘 죽는 걸까. 할 수 있는 일, 또는 해야 할 일을 대충 마치고 난 다음에, 자기가 살던 집에서 가족들이 지켜보는 가운데 마치 잠을 자듯이 편하게 죽는 것을 가장 좋은 죽음이라고 사람들은 보통 생각한다. 물론 무병장수도 중요한 조건이다. 너무 젊은 나이에 죽거나 사고로 죽거나 또는 많이 아프다 죽는 것은 죽음만큼의 고통이 따른다.

장례는 죽은 사람과 산 사람의 이별 예식이다. 어느 나라, 어느 민족, 어느 문화이든 간에 그에 맞는 독특한 장례 문화가 있다. 고원 지대라 화장을 할 만한 목재가 귀하고, 생명윤회 사상이 깊숙하게 자리 잡은 티베트에서는 조장鳥葬을 한다. 남들 눈에는 시체를 독수리의 먹이로 내어주는 것이 엽기적으로 보일지 모르지만, 그들에게는 마치 산 사람이 옷을 갈아입듯이 죽은 몸을 버리고 독수리를 통해 또 다른 옷을 입는 것처럼 여겨진다. 육신은 허무하지만, 영혼은 자유롭다는 생각에서 비롯된 것이다.

예부터 한국 사람들은 집에서 장례를 치렀다. 죽은 사람이 죽기 직전까지 살았던 바로 그곳에서 보통 3일의 장례를 치르며, 아쉬운 고별 의식을 거행했다. 집에서 장례를 치를 때, 문상객들에게 상갓집이 잘 보이라고 '상가喪家'라는 커다란 글씨를 쓴 등을 달아 놓기도 했다. 보통은 노란색이었다. 그렇지만 언제부턴가 장례를 치르는 집을 찾아보기는 쉽지 않다.

10년 전, 혹은 20년 전보다 집이 좁아진 것도 아닐 텐데 집에서 치르는 장례가 순식간에 사라지다시피 한 것은 병원의 장례식장을 이용한 탓이다. 병원에서 치료를 받다가 돌아가신 분이라면 시신을 집으로 모셔 와서 장례를 치르는 것이 번거로울 수도 있지만, 집에서 돌아가셔도 다시 병원으로 모시고 가서 장례를 치른다. 그러니까 한국의 병원은 산사람이 죽음을 미루기 위해 가는 곳이기도 하지만, 죽은 사람이 장례를 치르기 위해 가는 곳이기도 하다.

장소 사용료를 비롯한 갖가지 장례 비용에 거품과 바가지가 씌워져 돈이 많이 들기는 하지만 그래도 장례는 병원 영결식장에서 치르는 것이 요즘의 일반적인 풍경이다. 매일처럼 신문에 실리는 부고란을 훑어봐도 예외를 거의 찾아볼 수 없을 정도로 장례식장은 한결같이 병원이다. 병원 장례식장에는 장례를 위한 각종 서비스가 완비되어 있고, 손님을 대접할 공간도 별도로 마련되어 있다. 주소, 전화번호, 그리고 찾아오는 길을 따로 알리지 않아도 ○○병원 영안실이라고만 하면 누구나 쉽게 찾을 수도 있다. 또 넓은 주차장까지 마련되어 있으니 골치 아픈 주차 문제도 해결된다. 이런 편리성과 접근성이 누구에게나 장례를 치르는 곳은 곧 병원이라는 자연스런 등식을 낳게 하였다.

한결같이 병원 장례식장에서 장례를 치르다 보니, 고인이 생전에 어떤 사람이었는지, 고인의 삶이나 그 집안의 가풍 같은 것은 장례 과정에서 전혀 드러나지 않게 되었다. 심지어 문상객에게 내는 음식도 한결같이 육개장뿐이다.

오늘날 한국 사람들은 똑같은 장소에서 똑같은 방식으로 손님을 맞고 똑같은 방식으로 고인을 떠나보낸다. 각자 믿는 종교에 따라 불경소리나 연도소리, 찬송소리가 달리 들리는 정도를 제외하고, 얼마나 비싼 장례식장에 모셨나, 조화는 얼마나 들어왔나 같은 쓸데없는 모양새만이 다를 뿐이다. 나머지는 모두 같다. 장례의 본질적 의미는 찾기가 힘들고, 비본질적인 행태만 남은 듯하다.

돌아가시게 되면 시신을 병원 영안실로 옮기고, 장례식장을 잡는다. 그리곤 문상객으로 올 만한 친지들에게 연락을 한다. 연락을 할 때, 내가 그 사람의 경조사를 챙겼는지도 따져보게 된다. 전화를 하거나 부고장을 전달하기가 이런저런 연유로 수월하지 않을 때, 휴대폰 문자는 간편하고도 신속한 각광받는 연락 수단이 되었다.

방문한 문상객은 침울한 표정으로 돈 봉투를 내놓고, 상주는 어두운 얼굴로 "이렇게 와 주셔서 감사하다"고 한다. 사실 자기가 불러놓고도 인사는 그렇게 한다. 조문을 마친 문상객은 접객실로 옮겨 간단한 식사를 하거나 술을 마시거나 고스톱을 친다. 열이면 열, 백이면 백이 다 그렇게 한다. 이성적 동물이라지만, 감정의 지배를 받는 사람인데도 감정의 교류, 이를테면 안타까움과 아쉬움을 나누기 쉽지 않은 시스템이다.

우주만큼 귀하다는 한 사람의 죽음이, 그리고 누구보다도 사랑한다는 가족이나 친구와의 헤어짐이 이렇게 건조하고 획일적인 까닭은 무엇일까. 편리하다고는 하지만 사람과 사람 사이의 마지막 이별이 이렇게까지 판에 박은 듯 똑같은 방식으로 치러지는 건 문제가 아닐까.

서서 찍는 바코드

그들은 자신을 '찍순이'라고 부른다. 왕처럼 모셔야 하는 손님 앞에서, 그리고 관리자들 앞에서 그들은 사람이라기보다 찍는 기계다. 끝없이 바코드를 찍는 기계들, 그들이 마침내 "우리도 사람이다"라고 선언한 것이다. …… 계산원, 그들은 서서 일한다. 6시간 동안 화장실에도 못 가도 계산대는 지켜야 할 때도 있다. 왜 앉아서 일하면 안 될까? 프랑스에서 계산원들이 앉아서 일하는 모습에 익숙했던 내게 다가온 질문이다. 첫째는 서서 일해야 빠르게 찍을 수 있기 때문이다. 곧, 효율성이다. 둘째, 손님 앞에서 앉아서 일할 수 없다는 이유, 곧 친절로 포장된 봉건성이다.

《한겨레신문》 2007년 7월 13일자에 실린 홍세화의 〈홈에버 월드컵점 파업 농성 현장〉이란 글이다. 비단 홈에버만이 아니다. 이마트, 홈플러스, 롯데마트도 마찬가지다. 대형 마트만이 아니라 동네 슈퍼마켓이나 편의점도 마찬가지다. 동네 골목길 구멍가게를 제외하고 별도의 계산원이 배치된 곳은 한결같이 서서 바코드를 찍는다. 홍세화의 지적처럼 공손한 모습으로 빨리 일하는 것이 목적이다. 계산대엔 손님이 없을 때 잠시 앉아서 쉴 수 있는 의자가 아예 없다. 한 번 투입되면 화장실에도 못 가고 그냥 서 있어야 한다.

이건 한국에서만 볼 수 있는 잔인한 풍경이다. 프랑스나 영국은 물론이고, 시장만능주의를 금과옥조로 여기는 것처럼 보이는 미국에서도 이러지는 않는다. 유럽-미국에서 계산대 업무를 맡는 사람은 한결같이 소수 인종의 가난한 사람들이지만, 그래서 외모만으로도 주류 사회의 사람들과 확연히 구별되지만, 한국처럼 몇 시간씩 서서 바코드를 찍게 할 만큼 잔인하지는 않다.

대형 마트의 횡포는 여기서 그치지 않는다. 이마트, 홈플러스, 롯데마트, 홈에버 등 4개 업체의 2006년 매출은 13조 2천억 원으로 유통업계 전체 매출(25조 4천억 원)의 57퍼센트나 차지했다. 점포 수도 빠른 속도로 늘어나고 있다. 2006년 12월 기준으로 전년도보다 35개의 대형 마트가 늘어나 342개가 성업 중이다.

대형 마트의 가파른 성장은 중소 유통 업체와 재래시장의 매출 감소로 이어진다. 대형 마트의 진출이 본격화된 2000년 이후 불과 5년 동안 중소 유통 업체 4만 개가 문을 닫았고, 5만 8천 명의 종업원이 줄었다.

삼성(신세계의 이마트, 삼성테스코의 홈플러스), 롯데(롯데마트), 이랜드

(홈에버) 등 재벌들은 기회가 있을 때마다 대형 마트의 영업점 확장과 매출 신장이 전체 유통업계의 발전과 고용 창출에 기여한다고 주장하지만, 뻔한 거짓말에 불과하다. 직접 고용도 아닌 파견, 특수, 용역, 사내 하도급 등 각종 비정규직을 다 합해도 일자리 창출 규모는 재래시장이나 중소 업체의 매출 감소로 인해 일자리는 잃는 사람들의 일부도 소화하지 못하는 수준에 그치고 있다.

대형 마트에 납품하는 중소기업 대부분은 불공정 거래 행위를 강요받고 있다. 그러면서도 동시에 일방적인 거래 중단도 걱정하고 있다. 대형 마트의 횡포는 보통이 아니다. 판매 수수료율 멋대로 올리기, 판촉비 부담시키기, 광고·판촉·사은행사 경비 부담시키기, 맘대로 반품시키기 등은 대형 마트가 중소 업체를 울리는 전형적인 수법이다. 가끔씩 공정거래위원회가 물리는 과징금 몇 억 원만 내면 불공정 거래는 얼마든지 계속할 수 있다. 거래를 중단 당하면 판로가 없어 도산할 수밖에 없는 납품 업체들이 적극적인 문제제기를 못하기 때문이다.

편하고 값싼 대형 마트는 노동자, 중소 유통 업체, 재래시장, 납품 업체의 출혈과 강요된 희생을 바탕으로 성장을 거듭하고 있다. 그렇다고 싸고 편리한 쇼핑을 하고픈 소비자들에게 도덕적 선택을 주문하는 것도 공허하기만 하다. 시간에 쫓기고 살 물건은 많은데, 주차할 곳도 없는 재래시장에 가라는 건 선거 때 정치인들이 구사하는 레토릭에나 나오는 하나마나한 말이다.

좋은 방법은 없을까? 한국처럼이 아니라 영국, 프랑스, 독일, 일본처럼 하면 된다. 이 나라들은 면적에 따라 넓은 영업장을 가진 대형 마트는 아예 허가를 내주지 않거나, 규모에 따라 영업시간을 제한한다. 일본은 아예 대점법大店法으로 규제하고 있다. 1,500㎡(450평) 이상은 설립, 매장 면적, 영업시간, 영업 일수 등에 있어 중앙 정부의 규제를 받고, 500㎡(150평)~1,500㎡의 영업장은 해당 지역의 중소 소매 단체와 주민의 심사를 거치도록 하고 있다.

　프랑스나 영국 같은 나라의 규제는 더욱 강력하다. 한국의 비정규직이 55퍼센트인 데 비해 미국은 4퍼센트밖에 안 되고, 한국식의 불공정 거래는 단순히 과징금 부과가 아니라 형사처벌로까지 이어진다. 한국이 시장 만능이라고 해서, 다른 나라도 그런 것은 아니다.

생활의 중심, 아니 신체의 일부

휴대전화를 사용하는 인구는 4천 3백 만 명쯤 된다. 5천만 명 인구 중에서 아주 어린아이들(초등학생 보급률도 갈수록 높아지고 있다)이나, 휴대전화에서 자유롭고 싶은 일부 '스따족' (스스로 왕따를 자처한 사람들), 그리고 재소자와 군인을 빼고는 너나 할 것 없이 죄다 휴대전화를 가지고 있는 셈이다.

이 같은 비율은 전 세계 최고 수준이다. 그래서 통신 회사는 휴대전화가 이미 '생활의 중심'이라고 광고한다. 이제 통신 회사나 휴대전화 제작 업체의 광고는 그저 휴대전화를 가지고 있어야 한다고 꼬드기는 수준을 훌쩍 넘어섰다. 오늘날 휴대전화 보유는 상식이며, 생활의 중심인 만큼 이제는 더 많은 기능을 갖춘 신제품을 구입하라고 압박한다.

지금은 그저 커다란 무전기쯤으로 여겨질 만한 '카폰'이 1984년 처음 등장하고 나서 겨우 20년 만에 휴대전화는 온 국민의 필수품으로 등

극했다. 그동안 삐삐나 시티폰 등이 잠깐 역할을 하기도 했지만, 휴대전화의 위세에는 미치지 못했다. 휴대전화로 사진을 찍고, 음악을 듣거나 게임을 하고, 텔레비전 방송과 영화를 보고, 신용 카드 기능까지 하니 가히 생활의 중심이라 해도 이상하지 않다.

나는 원래 '기계치'다. 나이에 비해 기계에 대한 감각은 무척 구시대적이다. 나에게 컴퓨터는 메일 전송과 인터넷 검색, 혹은 원고 작성 말고는 쓸 데가 없다. 휴대전화도 전화를 걸고 받는 용도에만 쓰인다. 나 같은 사람은 휴대전화에 왜 카메라를 붙여 놓았는지, 왜 카메라를 들고 오락을 해야 하는지 모른다. 특히 카메라 없는 휴대전화는 아예 팔지 않는다는 사실에 분노하기도 한다.

나는 최근에 와서야 사무실에서 인턴 활동을 하는 대학생의 도움을 받아 MP3 플레이어를 구입했다. 강의 때문에 지방 출장이 많은데, 남 생각은 전혀 안 하고 떠드는 사람들 때문에 버스나 기차에서 책을 읽을 수도 잠을 잘 수도 없어 고민이라고 했더니, MP3 플레이어를 갖고 다니면 도움이 될 거라며 구해 주었다. 4만 3천 원에 지방 여행이 행복해졌다.

한번은 환갑이 넘은 선배 한 분이 누군가의 전화번호를 문자로 찍어 달라고 하셨다. 그래서 아무 생각 없이 "저는 문자 보낼 줄 모르는데요"라고 했더니, 이분이 오해를 하셨다. 아무리 귀찮아도 그렇지 거짓말까지 하냐는 거였다. 그 일이 있은 다음에 문자를 보내려고 몇 번 노력을 해봤고, 실제로 몇 번 보내보기도 하였지만, 익히기는 쉽지 않았다. 문

자로 보내기보다는 목소리를 들으며 통화하는 것이 더 편할뿐더러 정감도 있다고 생각하기에 문자 발송 방법을 몇 번 익히다 말기를 되풀이하고 있다.

지하철에서 두 손으로 문자를 보내는 사람들을 보면, 그 손가락의 움직임이 가히 현란하다. 그 빠름과 정확성이 놀랍다. 휴대전화는 어느덧 '생활의 중심' 정도가 아니라 '신체의 일부'가 된 듯하다.

휴대전화가 이미 신체의 일부가 되었다는 정황은 여러 곳에서 확인할 수 있다. 휴대전화로 인한 문제는, 중고등학교에서 가장 논란이 되는 인권 이슈가 되었다. 학생들이 휴대전화를 갖고 있으면 수업 중에도 문자를 주고받거나 오락을 하기 때문에 부득이하게 가방을 뒤져서라도 휴대전화를 압수해야 한다는 교사와, 왜 남의 물건을 뺏어 가냐는 학생들과의 실랑이가 계속되고 있다. 하루에도 수백 개의 문자를 주고받는 학생들의 입장에서 볼 때, 휴대전화를 빼앗기는 것은 다른 사람과의 소통 수단이 증발되는 것이다.

학생들은 수업이 끝나면 휴대전화를 돌려받을 수 있지만, 아예 휴대전화를 사용할 수 없는 재소자나 군인, 전의경들은 마치 '신체절단형'을 집행당한 죄인의 처지가 된다. 휴대전화나 인터넷을 못한다는 이유만으로도 구금형은 예전보다 훨씬 가혹한 형사처벌이 되었다. 사병들 중에도 간부의 것을 몰래 빌려서 쓰거나 또는 운전병처럼 공식적으로 휴대전화 소지가 허용된 경우가 약간의 숨통을 트여 주기는 한다. 하지만 군인들 대부분은 휴대전화가 없다는 사실에 심한 정신적 스트레스를 받고 있다.

휴대전화로 인한 스트레스는 학생, 군인, 재소자만의 것이 아니다. 휴대전화를 집에 두고서 밖에 나오거나, 혹은 분실했을 때 불안감을 느끼는 사람들이 많다. 업무나 친분 관계로 연락을 주고받아야 하는 사람들의 연락처가 죄다 휴대전화에 기록되어 있으니, 잠시라도 휴대전화가 없으면 일종의 패닉 상태에 놓이는 것이다.

그뿐만이 아니다. 전화가 걸려오지 않았는데도 휴대전화의 진동을 느끼는 사람들도 많다. 나도 그런 적이 여러 번 있다. 몸의 감각은 분명히 휴대전화의 진동을 느꼈는데, 전화를 꺼내 보면 아무렇지도 않은 경우 말이다.

단지 좀더 편리하자고 쓰는 문명의 이기가 이제는 손발처럼 몸의 일부가 된 듯하다. 이건 그냥 친숙해진 정도를 넘어선다. 이러다가는 아예 몸속에 전화를 장착하여 손가락 끝으로 통화를 하는, SF 영화에나 나올 법한 일이 벌어질지도 모르겠다.

무노조 왕국, 그 주인은 황제

영어라는 종교

영어 때문에 받는 스트레스는 가히 전 국민적이다. 그야말로 몸살을 앓고 있다.

더 이상 볼 시험이 없는 성인들도 영어 때문에 엄청난 스트레스를 받는다. 한국에서 개인의 경쟁력은 주로 영어로 평가되기 때문이다. 심지어 성인을 대상으로 한 스파르타식 영어 학원이 수강생들로 북적일 정도이다. 어떤 학원은 단어 받아쓰기 시험을 보면서 틀리는 문제 수만큼 벌금을 물리거나 심지어 때리기도 한다(성인들을!). 무단결석을 하면 수강료도 돌려주지 않고 제적을 하는 것은 기본에 속한다. 하루 15시간씩 영어 공부만 시키는 전문 학원도 있다.

어른들이 이 정도이니, 어떤 고등학교와 어떤 대학을 가냐에 따라 인생이 달라진다고 믿는 청소년들의 경우에는 그야말로 목숨을 걸다시피 한다. 취업을 앞둔 수험생도 마찬가지다. 욕심이 많거나 인간성이 나쁘

다든지, 책을 전혀 읽지 않는다든가, 모국어로 읽고 쓰고 말하고 듣는 능력이 좀 떨어지는 것은 대수롭지 않다. 오로지 영어만 잘하면, 좀더 정확히 표현하면 영어 성적만 좋으면, 자신이 원하는 삶을 살 수 있다고 믿는 사회가 한국 사회이다. 이건 단지 믿음에만 그치지 않는다. 실제로 영어 성적은 당락을 결정하는 가장 큰 변별력이다. 원하는 학교, 원하는 직장은 결국 영어 성적으로 결정된다.

영어 발음을 좋게 한다며 어린 아기의 혀를 수술하는 부모가 있는가 하면(실제 효과는 전혀 없다. 뭘 하려면 제대로 알고나 하던가), 각 지방자치 단체가 앞 다투어 영어 마을을 만들더니 이제는 중앙 정부까지 나서서 영어 마을을 만든다고 호들갑을 떨고 있다. 이명박 정부의 대통령직 인수위원회에서 며칠 만에 금세 거둬들이기는 했지만, 국어나 국사까지도 영어로 수업을 하는 영어 몰입 교육이 발표되기도 하였다. 한 6년쯤 국어와 국사까지 영어로 가르치면 고등학교만 나와도 영어로 말하는데 불편이 없을 것이란다. 대학에서는 이미 영어로만 가르치는 학교와 과목이 꽤 된다. 강의의 내용이야 어떻든, 학생들이 알아듣든 그렇지 못하든 그냥 영어로만 진행하면 된다는 발상이 신기하기만 하다.

영어를 못하면 대학 졸업이 불가능한 학교도 적지 않다. 가장 선도적인 고려대(그 '민족 고대')는 지금 35퍼센트 수준인 영어 강의를 2010년까지 60퍼센트 수준까지 높이겠다고 기염을 토하고 있다. 학생뿐만 아니라 (교수가 아닌) 교직원들도 영어로 말하고 들을 수 있어야 한다고 들볶고 있다.

이렇게 영어에 매달리는 이유는 '영어가 곧 경쟁력'이란 잘못된 신화와 새로운 버전의 사대주의 때문이다. 기업들은 이왕이면 다홍치마란 식으로 영어 성적 좋은 사람을 채용하려고 한다. 일단 영어라도 잘하면 좀 낫지 않겠냐는 생각인 것 같은데, 현대를 창업한 정주영이나 삼성을 창업한 이병철 모두 영어와는 일정한 거리에 있는 사람들이었다. 옛날과는 기업 환경이 달라졌다고 하더라도 모두가 영어에만 매달릴 이유가 되지는 못한다. 다른 언어도 중요하고, 모국어 구사 능력은 훨씬 더 중요하다.

기업도 문제지만, 각종 공무원 시험에서도 결국 영어 성적에 의해 채용 여부가 결정되고 있다. 순경 채용 시험 과목은 '형법, 형사소송법, 경찰학개론, 영어, 수사 1'이지만, 사실상 채용 여부는 영어 시험 성적에 달려 있다. 한국에서 태어나 한국에서 일할 경찰관들이 아닌가. 피의자도 피해자도, 증인도 참고인도 운전하는 사람도 모두 한국인인데, 경찰관을 뽑는 데 국어가 아니라 영어 시험을 봐야 하는지 모르겠다. 막상 경찰서에 가보면 영어로 조사를 한다거나 영어로 민원을 처리할 일도 없고 그런 능력을 가진 경찰관도 별로 없는데, 영어 문법을 조금 더 아는 사람을 경찰관으로 뽑아야 하는 이유를 모르겠다.

이러니 한국의 교육 예산보다 많은 돈이 사교육비로 나가고, 그중에 절반인 15조 원쯤을 영어 교육에 쓰는 상황이 되었다. 돈만 많이 쓰는 것이 아니라, 공부도 정말 열심히 한다. 그렇다고 영어로 말하고 듣기를 잘하게 되는 것도 아니다. 결국 영어 교육 관련 산업만 키우고, 백인 원

어민의 일자리만 늘려주고 있다. 영어를 공용어로 쓰자는 사람도 있을 정도다. 영어만 잘하면 뭐든 잘될 것이라거나 영어를 잘해야 국가 경쟁력이 있다든지, 영어를 잘해야 차세대 성장 동력을 확보할 수 있다든지 하는 엉뚱한 주장들도 끊이지 않는다.

영어의 중요성만 강조하다 보니 정작 국어의 어휘력과 문장 이해력은 갈수록 떨어지고 있다. 한국어 단어가 멀쩡히 살아 있는데도 영어 단어를 무분별하게 쓰는 '말이 안 되는' 사람들도 늘어나고 있다. 한마디로 영어에 대한 환상이 빚은 국가적 난리다. 프랑스어, 중국어, 스페인어, 아랍어도 중요한데, 이들 언어의 지위는 '제2외국어'일 뿐이다. 영어는 '제1외국어'이거나 그냥 '영어'로만 불린다. 다른 언어와는 확실히 격이 다르다.

영어를 모국어로 쓰지 않는 나라 중에서 이렇게 영어 교육에 호들갑을 떠는 나라는 없다. 더 고약한 것은 말을 배우는 데 많은 비용이 든다는 것이다. 돈을 내지 못하는 가난한 사람은 아예 말 없이도 살 수 있다고 믿는 사람들처럼 말이 사람의 도구가 아니라 돈의 도구로, 또 돈을 벌어 주는 도구로 변질된 것이다. 돈이 없으면 그 사회가 요구하는 언어 구사 능력을 갖출 수 없게끔 장벽을 쳐 놓은 나라도 한국 말고는 세상에 없다. 오렌지를 오-뤼지라고 발음하면 당장 먹고살 것이 하늘에서 뚝 떨어질 것처럼 호들갑을 떠는 나라도 한국밖에 없다.

나는 너의 사생활이 알고 싶다

　　연예인들의 이혼은 곧바로 뉴스의 화
젯거리가 된다. 프로야구 한국시리즈까지 끝난 스포츠 뉴스의 비수기
에는, 이게 스포츠 신문인지, 연예 신문인지 분간이 안 될 정도로 득달
같이 덤벼든다. 당사자들의 일거수일투족은 물론이고, 친구나 매니저
등 주변 사람들이 흘리는 자질구레한 이야기까지 놓치지 않고 곧바로
기사로 써 버린다. 인터넷 신문이나 포털 사이트도 이런 기민한 움직임
에서 뒤쳐지지 않는다. 중요한 것은 뉴스의 정확성이나 가치가 아니라,
더욱 자극적인 뉴스를 원하는 수용자들의 기호일 뿐이다.

　　내 주변에도 이혼을 경험한 친구들이 몇몇 있다. 이런 경우도 마찬가
지다. 굳이 나에게 속내를 다 드러내고 말한다면야 귀 기울여 들어 주
고, 우정 어린 조언도 해줄 수 있겠지만, 본인이 말하지 않는 사생활에
대해 내가 먼저 물을 이유는 없다. 친구라도 사생활은 존중해 주어야 하

기 때문이다. 그래서 실제로 친한 친구들 중에 그 친구가 왜 이혼했는지를 모르는 경우도 많다. 자신의 인생이 걸린 문제이니 충분히 심사숙고했으리라 믿고, 앞으로는 잘 살았으면 좋겠다는 진실한 마음 정도가 친구의 몫이 될 것이다.

세상을 떠들썩하게 했던 '신정아 게이트'의 몸통 신정아의 경우도 마찬가지다. 신정아의 학력 위조 혐의가 맞다면, 그는 그가 잘못한 일에 대해서만 추궁을 받아야 한다. 잘못한 만큼의 책임을 져야 하고, 잘못한 만큼의 사회적 비난을 받아야 한다. 하지만《문화일보》가 신정아의 누드 사진이라고 밝힌 이상한 사진을 게재하는 극단적인 사례는 말할 것도 없고, 한 인간으로서 신정아는 자신의 사생활이 대중들의 관음 욕구 앞에 낱낱이 까발려지는 고통을 겪어야 했다.

신정아를 둘러싼 각종 의혹들과 누구의 딸이라는 식의 루머가 불과 며칠 사이에 전국을 뒤흔드는 현상을 보면, 그가 여성이라는 점도 한몫한 것 같다. 학력도 변변치 않은 여성이 한 분야에서 크게 성공했다면, 몸을 팔지 않고서 어떻게 가능했겠냐는 식의 고전적인 혐의가 부풀려진 것이다. 신정아가 몸을 팔아가면서까지 출세를 위해 무한 질주를 했다는 정황은 어디서도 밝혀지지 않고 있지만, 설령 그랬다 치더라도 몸은 파는 사람만 있는 것이 아니라 살 사람도 있어야 한다는, 곧 매춘賣春은 없고 매매춘賣買春(지금은 성매매라고 부른다)이 있을 뿐이라는 상식에도 어긋난다. 잘못이 있다지만 신정아가 받은 의심과 비난은 공평한 것이 아니었다.

연예인이 대중의 관심을 먹고사는 것도 맞고, 일정하게는 공인의 지위를 갖는 것도 맞다. 그렇지만 아무리 공인이어도, 아니 연예인들과는 비교도 할 수 없을 정도로 큰 책임을 지고 있는 대통령이나 정치인들일지라도 그의 사생활은 보호받아야 한다. 본인이 나서서 사생활을 공개하지 않는다면, 더 이상 언론도 그들의 뒤꽁무니나 소문을 좇는 황색 언론의 짓거리를 그만 두어야 한다. 온 국민의 관심을 연예인들의 사생활에만 묶어 두려는 생각이 아니라면 말이다.

　언론의 잘못도 크지만, 언론의 잘못된 행태는 대중의 빗나간 호기심에서 비롯된 것이다. 팔리지 않는 기사라면 언론은 언제든지 그런 식의 보도를 접어 버릴 것이다. 남의 사생활에 대한 지나친 관심과 누군가를 끊임없이 엿보고 싶은 관음증이 천박한 황색 언론에게는 좋은 토양이 되고 있다.

음주운전 측정

밤 귀갓길, 늦은 시간이어서 교통 정체가 있을 리도 없는데, 만약 자동차들이 길게 꼬리를 물고 늘어서 있다면, 십중팔구는 사고 아니면 음주운전 단속 때문이다.

한국의 음주운전 단속 풍경은 건조하다. 길 양편에 순찰차 두 대쯤 서 있고, 경찰관(아니면 의경) 서너 명이 나와 음주 측정을 한다. 간단한 인사나 왜 단속을 하는지에 대한 설명 따위는 대개 생략해 버린다. 순서대로 차가 빠지고 경찰관 앞에 오게 된 운전자는 창문을 내리고 경찰관의 손에 들린 음주 측정기에 가까이 입을 대고 세게 입김을 분다. 측정기에 수치가 뜨지 않으면 통과, 그렇지 않으면 차에서 내려 혈중 알코올 농도에 따라 달라지는 조치를 받아야 한다.

음주운전으로 인한 폐해는 아무리 강조해도 지나치지 않다. 2006년도 경찰청의 통계에 따르면, 음주로 인한 교통사고가 그 해에만 2만

9,990건 발생했는데, 사망자는 920명, 부상자는 5만 4,255명이다. 음주운전으로 인한 사망자 수는 2006년 전체 한국인 사망자 24만 3,900명의 0.37퍼센트에 지나지 않지만, 또한 같은 해 자살자 1만 700명이나 암 사망자 6만 5,909명에 비해도 적은 숫자지만, 그래도 끊임없이 경계하고 줄여 나가야 하는 숫자임은 분명하다. 음주운전은 본인뿐 아니라 타인의 생명까지 위협하기에 결코 해서는 안 된다는 사실에 누구라도 토를 달기는 힘들 것이다.

그렇지만 아무리 강조해도 지나치지 않은 분명한 사실이라고 해서, 아무렇게나 해도 되는 것은 아닐 텐데 음주운전에 대한 국가의 대응은 굉장히 과도한 측면이 있다.

현행법상 음주운전이 범죄이고, 범죄 예방과 단속이 경찰의 임무임은 분명하다. 하지만 지금처럼 모든 차량 운전자(기껏해야 택시운전자 정도만 빼고는)를 대상으로 음주 측정을 하는 것은 문제다. 이것은 '모든' 자동차 운전자를 예비 범죄자로 간주하는 행위다. 《2007년 경찰 백서》를 보면, 경찰조차 "일률적으로 실시하는 음주운전 단속 활동이 모든 운전자를 범죄 혐의자로 본다는 측면에서 인권 침해·권한 남용 논란 및 행정 편의적 발상이라는 여론이 많다"고 자인할 정도다.

보통은 모든 자동차 운전자가 시간을 뺏겨 가며 경찰의 음주운전 단속에 협조해야 할 만큼 음주운전의 폐해가 크다고 믿고 있지만, 누구도 모든 운전자들의 작지만 일상적인 피해와 음주운전 단속으로 인한 이익을 설득력 있게 비교한 적은 없었다. 2006년 한 해에만 음주운전 단속으로 인한 적발 건수가 35만 3,580건이나 있었는데도 말이다.

음주운전이 운전에 위험한 영향을 미친다는 것은 상식이다. 술을 마시면 운동 신경이 둔해지고, 판단력이 흐려지는 등의 영향이 있다. 자신은 충분히 운전을 할 수 있다고 생각하는 사람도 많지만, 음주운전은 교통사고로 이어져 자신은 물론 함께 타고 있는 가족이나 친지, 그리고 주변 사람들을 다치게 할 가능성이 높다.

그렇지만 운전 중 해서 안 되는 위험한 것이 꼭 음주운전만은 아니다. 졸음운전은 음주운전과 똑같은, 아니 술 취한 정도에 따라서는 더 위험한 결과를 가져올 수 있다. 운전하면서 휴대전화로 통화를 하거나, 담배를 피우거나 무언가를 먹고 마시기, 네비게이션 쳐다보기, 위성 DMB로 텔레비전 시청하기도 위험하긴 마찬가지다. 그뿐인가, 동승자와 말다툼을 하거나 싸우는 경우(꼭 치고 받는 몸싸움이 아니라도) 또한 안전한 운전을 크게 방해한다. 물론 이런 일까지 다 처벌하자는 것은 아니다.

운전 중에 해서는 안 되는 일, 위험한 일이 많지만, 형사처벌까지 받는 범죄가 되는 것은 음주운전뿐이다. 왜일까. 경찰청은 물론 어떤 연구자도 이 문제에 대한 해석을 내놓지 않아서 잘은 모르겠지만, 아마도 음주가 측정하기 수월해서, 곧 단속하기 좋다는 일종의 행정적 편리성을 동반하기 때문인 것 같다.

음주운전 단속의 측정 기준이 과연 과학적인가도 따져볼 문제이다. 혈중 알코올 농도를 측정하는 음주운전 측정기에 대한 신뢰 여부는 문제 삼지 않더라도, 왜 혈중 알코올 농도 0.05퍼센트 이상이면 형사 입건이 되는 건지 모르겠다. 일부에서 주장하는 것처럼 0.03퍼센트로 낮추면 왜 안 되는지, 아니면 0.10퍼센트부터 형사 입건하면 왜 안 되는지에 대한 명확한 설명을 누구도 하지 않는다.

또 혈중 알코올 농도가 0.05퍼센트일 때 신체에는 어떤 변화가 일어나는지, 0.10퍼센트일 때는 어떤지, 그래서 얼마 이상의 알코올은 위험한지에 대한 설명도 없다. 추론 말고 정확한 데이터에 근거한 과학적 설명 말이다.

혈중 알코올 농도 0.10퍼센트 이상일 때는 운전면허 취소는 물론, 3년 이하의 징역에 처하는데, 왜 0.09퍼센트까지는 구속을 면할 수 있는지, 혈중 알코올 농도 0.01퍼센트의 차이가 왜 이렇게 큰지에 대한 명쾌한 설명 또한 없다. 음주운전 단속의 필요성이 강조되는 만큼, 단속과 처벌의 기준도 그에 맞게 좀더 정밀해져야 한다.

그저 운전하고 있다는 이유만으로, 아니면 국가 시책에 호응해야 하기 때문에, 사실은 음주 측정에 응하지 않는 것만으로도 운전면허가 취소되고 형사 입건되기 때문에, 우리는 그저 매일 밤 경찰관이 들이대는 상당히 불결해 보이는 음주 측정기에 입을 대고 몸속에 알코올이 없다는 결백을 입증해야 한다. 좀 이상하다.

술 먹고 담배 피우지 말라는 예수의 가르침

한국 개신교의 다수는 술 마시고, 담배 피우는 것을 교리로 금지하고 있다. 세례를 받을 때, 금주와 금연을 서약하게 하는 교회도 많다. 금주와 금연의 근거가 성경에 '예수님 말씀'으로 있다는 거다. 심지어 십계명에 적혀 있다고 믿는 신자들도 많다.

어떤 목사들은 "예수님을 내 안에 모신 분들이 소주 한 병 이상 먹으면 예수님이 나가시며, 하루 담배 한 갑을 피우는 사람도 예수님을 모시지 못한다"고 가르친다. 소주 한 병, 담배 한 갑으로 음주와 흡연의 마지노선을 구체적으로 정해 준 것도 놀라울뿐더러, 그 까닭은 "내 안이 예수님을 모시는 성전인데 술과 담배가 내 안에 들어오면 성전이 술과 담배로 귀신이 들어와 무당이 춤을 추게 되기 때문"이란다.

피조물인 인간이 창조주의 뜻에 따라 창조주를 섬기며 살고자 서약하는 것은 비단 한국의 개신교만이 아니라, 기독교 전반, 그리고 이슬람

과 유대교의 한결같은 전통이다. 몸을 성전에 비유하는 것도 같은 전통이다. 그렇지만 유독 한국 개신교만이 술과 담배를 금하고 있다.

그들이 믿는 바로는 성경에서 예수가 그렇게 말했다고 하지만, 그건 너무 터무니없는 환시요 환청에 불과하다. 담배가 아직 전래되지 않은 시절이니 담배야 말할 것도 없고, 술의 경우도 그렇다. 예수는 금욕적인 생활을 했던 세례자 요한과 달리 먹고 마시는 데 거리낌이 없었다. 그래서 "저 사람은 즐겨 마시며 세리나 죄인들하고만 어울리는구나"라는 소리를 듣기도 하였다(루가, 7 : 34).

예수가 행한 첫 번째 기적은 가나의 혼인 잔치에서 물을 술로 변하게 한 것이었고(요한, 2 : 1~11), 죽음을 앞두고 제자들과 보낸 마지막 저녁 식사에서도 반주가 빠지지 않았다(루가, 22 : 14~20).

구태여 성경에서 금주에 대한 비슷한 근거라도 찾는다면, "흥청대며 먹고 마시는 일too much feasting and drinking과 쓸데없는 세상 걱정에 마음을 빼앗기지 않도록 조심하여라"(루가, 21:34)는 말씀 정도가 있을 텐데, 이것 또한 흥청대며 (너무 많이) 마시지 말라는 것이지 아예 마시지 말라는 것은 아니다.

한국의 개신교 신자들은 갈라디아서 5장 21절 등의 근거를 찾아내기도 한다. 하지만 바오로는 갈라디아인에게 보낸 편지에서 육체의 욕정을 채우려 하지 말고 성령께서 이끄시는 대로 살아가라고 권고하면서, '음행, 추행, 방탕, 우상 숭배, 원수 맺는 것, 싸움, 시기, 분노, 이기심, 질투' 등과 함께 '술주정'과 '흥청대며 먹고 마시는 것'을 하지 말라고 요구하고 있다. 이런 일 때문에 '자기가 원하는 일을 할 수 없기 때문'이다(갈라디아, 5 : 16~26).

그렇지만 이 말씀도 루가복음의 말씀과 같이 흥청대며 마시지 말고, 술주정하지 말라는 것, 곧 취하지 말라는 것이지, 술을 마시지 말라는 것은 아니다.

고린토 1서 6장 10절이나 에페소서나 베드로 1서의 말씀도 같은 취지이다.

금과옥조로 따른다는 성경의 가르침은 "술을 마시고 즐기되, 흥청대지 말고, 적당히 마셔라"인데도, 굳이 예수가 술을 마시지 말라고 했다며 그것이 신앙의 정수라도 되는 것처럼 강조하는 까닭은 무엇일까. 달은 쳐다보지도 않고, 가리키는 손가락만 보는 격으로 성경의 일점일획도 모두 하나님의 말씀이라며 섬기는 이들이 성경적 근거도 부족한데, 그토록 금주와 금연에 매달리는 이유는 무엇일까.

대부분의 개신교회에서는 금주와 금연에 대해 성경적 근거가 없는 것이라고 따져 물으면, "세례문답 뒤에 술 담배를 하지 않겠다고 서약한 것은, 신앙생활을 하자고 하는 것은 곧 술 담배를 하지 않겠다는 약속을 포함한 것이다. 교회와 한 약속은 거룩한 약속이기 때문에 지켜야 한다. 약속을 지키는 것은 하나님의 뜻이다"고 말한다. 약속을 강요하고는, 약속했으니 지켜야 한다는 억지 논리만을 내세우고 있다.

많은 학자들은 19세기 미국에서 전래된 한국 개신교의 태생에서 그 원인을 찾고 있다. 근본주의적 신학에 젖어 있던 19세기 미국의 선교사들이 찾은 조선은 (그들의 눈에) 미개한 나라였다. 게으르고 늘 술에 취해 있고, 노름을 즐기고, 산업이랄 것도 전혀 없는 형편없는 나라였다. 전형적인 제국주의 시각이다. 우리끼리야 농한기에 먹고 마시고 놀고 춤추고 하는 것이 하등 문제될 것이 없었지만, 미국 선교사들의 눈에는 못마땅했나 보다. 그래서 입교 과정에서 금주와 금연을 강조했던 것이 오늘날 한국 개신교의 전통으로 남게 된 것이다.

미국 개신교는 술과 담배를 금하지 않는데? 그 답도 역시 준비되어 있다. "미국은 미국이고, 한국은 한국이다. 미국의 신앙 문화는 술과 담배에 대한 약속을 하지 않지만, 한국 교회는 약속을 한다. 중요한 것은 약속이다."

약속을 강요하지 않으면 되지 않느냐고 묻는다면, 이 질문에 대한 답도 늘 준비되어 있다. "술, 담배가 좋은 것도 아니고, 몸을 해치는 것인데, 그래서 교회가 금주와 금연을 돕는 것인데, 왜 자꾸 좋지 않은 술 담배를 하려고 하는가? 오래 살고 싶으면 술과 담배를 끊어라."

세계적으로 술과 담배를 금하는 기독교는 한국의 개신교밖에는 없다. 아주 독특한 현상이다.

노약자 보호석, 배려인가 구별인가

수도권 지하철은 대체로 만원이다. 승객들이 시루에 담긴 콩나물 신세가 돼야 하는 출퇴근 시간에는 말할 것도 없고, 새벽이나 심야를 제외한 대부분의 시간에도 앉아서 가기는 쉽지 않다. 노선마다 다르긴 하지만, 좌석을 비워 놓고 다니는 전동차는 별로 없다.

사람의 심리는 다 똑같다. 몸의 작용도 마찬가지다. 서면 앉고 싶고, 앉으면 눕고 싶은 것이 사람이다. 지하철 전동차 안에서 눕는 것은 사람의 이목을 집중시키고 보는 사람의 눈살을 찌푸리게 하는 일이니 여간한 용기가 아니면 쉽지 않다. 공중도덕의 차원에서도 당치 않은 일임은 물론이다. 결국 전동차에서 사람의 욕구는 서냐 또는 앉느냐에 달려 있다. 짧은 거리라면 굳이 옆 사람과 어깨를 부딪쳐 가며 앉기를 고집할 이유는 없다. 그렇지만 수도권 전철에서도 소요산, 팔당, 안산, 인천, 심지어 통상적 개념의 수도권이라고 하기 어려운 천안까지 가는 길이라면 상황은 달라진다.

얼마 전 겪은 일이다. 오산 지나 송탄까지 가는 길. 서 있는 사람에게는 가도 가도 길은 끝나지 않을 것처럼 멀게만 느껴졌다. 자리를 잡은 사람들은 신문이나 책에 얼굴을 파묻고 있거나 눈을 감고 있다. 그 마음 내 안다. 옆을 보니 서 있기조차 힘들어 보이는 여든은 넘어 보이는 노인이 서 있었다. 가장 건장해 보이는 30대 초반쯤의 남성에게 어르신에게 자리를 양보해 줄 수 없냐고 정중하게 물었더니, 가방을 갖고 있어서 안 된단다. 기껏해야 책 서너 권이 담겼을 가벼운 가방이었다. 이럴 때 생기는 심술은 어쩔 수 없나 보다. "제가 가방을 짐칸에 올려 드릴게요." 그래도 그는 꿈쩍하지 않았다. 으씨. 대신 옆에 앉아 있던 젊은 여성이 자리를 양보했다. 노인네는 고맙다는 말도 없이 자리에 앉았다.

이런 일도 있었다. 나중에 기자가 되겠다고 공부하는 대학생들에게 강의를 할 때였다. 어떤 학생이 인권 침해를 당했다며 어떻게 생각하냐고 나에게 물었다. 자기는 지하철을 탈 때 어김없이 요금을 내는데, 요금도 내지 않는 어린아이가 엄마와 함께 턱하니 한 자리 차지하고 있는 것을 볼 때면, 심하게 불쾌하고, 정상적으로 요금을 지불한 나의 인권이 침해당하고 있다고 느낀단다. 그 아이만 아니면 앉아서 갈 수 있는 상황이라면 불쾌함은 더 강해진단다.

솔직히 듣기 거북하고 어이없는 얘기였지만, 그래도 배우는 학생이기에 달래듯 좋게 설명했다. 사회적 약자에게 더 많은 배려를 하는 것은 인권의 보편성이 가진 한계를 극복하기 위한 안전장치라고, 인권의 실현은 약자를 우선시하는 선택으로만 가능하다고. 그래서 국가나 사회가 어린이, 청소년, 장애인, 여성, 어르신 또는 다른 어떤 이유로 차별받는 사람들을 위해 그렇지 않은 사람에 비해 훨씬 많은 비용을 지불하는 것은 상식에 부합하는 일이며, 더 많은 비용을 지불하고 더 많은 기회를 제공할수록 더 성숙한 사회가 된다고 말해 주었다.

쟁점은 전동차에서 앉을 수 있는가 없는가이다. 매일처럼 묘한 신경전이 벌어지기도 한다. 이런 상황에서 노약자 보호석은 아예 노약자·장애인·임산부가 아니면 앉을 수 없는, 말 그대로 '보호석'의 의미를 지닌다. 보호석은 미리 노약자의 자리를 챙겨 놓는다는 면에서는 긍정적 의미를 갖는다. 하지만 어쩌면 그곳에만 앉아야 한다는 제한의 의미까지, 보호란 단지 '보호석'에서만 통용된다는 의미도 담고 있는 것처럼 여겨지기도 한다.

사실은 특별히 자리를 정해 놓지 않더라도 모든 자리가 보호석이 되어야 한다. 그게 세상살이의 모습이다. 젊은이가 어르신에게 자리를 양보하고, 어린아이나 임산부 또는 장애를 가진 사람이 편해지는 게 우리 모두가 편해지는 것이어야 한다. 휠체어가 아니면 이동할 수 없는 장애인들을 위해 만든 엘리베이터 덕분에 짐 든 사람, 어린아이와 함께 탄 사람, 또는 어르신들이 모두 편하게 전동차를 이용할 수 있게 되었다.

사회적 약자에게 열린 사회는 모두에게 열려 있는 사회이고, 사회적 약자도 편한 사회는 모두에게 편한 사회라는 상식이 아쉽기만 하다.

골프 왕국

골프를 좋아하는 사람들은 "골프 치러 간다"는 말 대신 "운동하러 간다"는 말을 자주 쓴다. 골프가 곧 운동의 모든 것이라도 되는 것처럼. 오늘날 한국의 골프 열기는 식을 줄을 모른다. 골프 왕국이라 불러도 이상하지 않을 정도가 되었다.

한 해 골프장 이용객도 자그마치 1,400만 명(2006년)이다. 1995년의 700만 명에 비하면 확실히 빠른 속도다. 물론 1,400만이라는 어마어마한 숫자는 연인원일 때만 가능한 골프 인구이다. 공휴일 빼고도 1년에 골프를 칠 수 있는 주말은 100일쯤 되니, 14만 명이 일주일에 두 번만 필드에 나가도 1,400만 명은 금세 만들 수 있다. 3·1절에 골프 치는 국무총리나, 팔자가 좋아 평일에 골프 치는 고관대작이나 재벌들을 빼고도 금세 만들 수 있다. 모아 놓고 보면 더욱 그렇지만, 14만 명이 일주일에 두 번씩, 또는 28만 명이 일주일에 한 번씩 골프장에 나간다면 적

은 인구가 아닌 것은 분명하다.

골프장 입장료로 거둔 세금만도 2,454억 원(2006년 신고 기준)이 될 정도다. 골프장 수는 회원제 158개, 대중(퍼블릭) 93개로 모두 251개이다. 개중 106개는 수도권에 몰려 있다. 동네마다 있다시피 한 골프 연습장은 2,400여 개가 성업 중이다.

골프 치는 수요가 몰리는 주말에 부킹이 어렵다는 것은 어제 오늘의 이야기가 아니다. 부킹과 관련한 각종 인터넷 사이트도 많고, 인터넷 사이트를 이용한 사기 사건도 적지 않게 발생하고 있다. 부킹이 어렵고 비용도 비싼 탓에 해외 골프객도 늘고 있다고 한다. 2006년에만 63만 5,400명이 오로지 골프를 치기 위해 해외여행을 다녀왔다고 한다. 이들이 해외에서 쓴 돈은 1조 1,402억 원쯤 된단다.

골프 붐에는 골프 대중화에 앞장서는 정부의 노력도 상당한 영향을 미쳤다. 골프 치면 가만 두지 않겠다던 김영삼 정부 시절에는 공무원들의 골프와 이를 둘러싼 접대 등이 모두 쉽지 않은 일이었다. 반면 주말이면 손에 골프채를 들고 측근이나 각료들을 불러다 골프를 쳤던 노무현 전 대통령의 역할은 특히 상당했다. 새만금 간척지에 18홀 규모의 골프장 100개를 짓겠다고 호언을 했던 유시민 의원 같은 이뿐만이 아니라 노무현 전 대통령이 직접 나서서 골프 사랑을 실천했다. 정권 초기 130개 수준이던 골프장 수를 두 배로 올려 버린 신통함은 기본이고, 짓고 있는 골프장만도 100개가 넘으니 놀라울 뿐이다. 계획으로만 따지면 수천 개의 골프장이 생길 태세다.

당장의 성적만 봐도 세계적이다. 인구 밀도가 그렇게 높은 나라인데도 한국은 골프장 개수에서는 세계 16위이고, 국토 면적 대비 골프장 넓이는 세계 정상이다. 그런데도 모자란단다. 농지를 골프장으로 바꾸면 반값 골프장으로 지원해 주겠다고도 한다.

이런 주장이 먹혀드는 근거는 해외 골프로 인한 외화 유출을 막아 보자는 데 있다. 그렇지만 매년 60만 명이나 된다는 해외 골프 인구 추산은 과연 적정한 것인지도 모르겠다. 업계에서 주장하는 이 수치를 인정한다 해도, 5만 명이 한 달에 한 번씩만 골프 치러 나가면 60만 명이 된다. 역시 연인원이 갖는 함정이다.

사계절이 분명한 한국에서는 겨울철 골프가 어렵다. 해외 골프족 중 상당수는 겨울철에 몰려 있다. 아무리 골프장을 많이 지어도 겨울에 골프 치고 싶은 욕구는 충족할 수 없으니 해외로 가는 발길을 잡을 수는 없다. 게다가 해외여행 간 사람들이 오로지 골프만 치고 오는 것이 아니라 섹스 관광까지 하고 오는 경우도 많다. 사정이 이러하니 여행 수지 적자를 극복하려면 국가가 직접 집결지(집창촌)까지 만들어야 한다는 이야기마저 나올까 두렵다.

골프 인구가 많이 늘고 있는 것은 사실이고, 그래서 골프는 이제 대중 스포츠라고들 한다. 하지만 한국레저산업연구소의 주장을 그대로 받아들여도, 골프 인구는 전체 인구의 5퍼센트 정도밖에 되지 않는다. 대략 25만 명이다. 골프장경영협회가 추산한 인구는 400만 명이라지만, 이 통계에 따르자면 이들은 골프장을 1년에 겨우 3.5번 가는 희한한 사람들이 된다. 골프 인구를 부풀려 말하기 위한 뻥일 뿐이다.

그렇지만 1년에 보통 200만 대씩 팔리고, 보유 대수로는 1천만 대가 훌쩍 넘는 자전거에 비하면 새 발의 피다. 자전거가 그냥 레저 용품만이 아니라 친환경적인 교통수단이라는 점을 감안하면, 자전거 타기와 골프를 비교하는 일은 결례다. 운동 삼아 걷거나 뛰는 인구는 국민의 절반쯤 된다. 가장 힘들다는 마라톤 인구만 해도 200만 명이다. 그런데도, 잘 걷고 잘 뛰고, 또는 자전거 타기 좋게 하기 위해서 농사짓는 땅에 오솔길이나 자전거 도로를 만들겠다는 말은 없다. 그저 골프만이 좋은 운동이고, 그저 골프만이 진흥해야 할 운동인 것처럼 여기는 사람들이 권력을 차지한 탓이다.

주말에 골프장에 나가면 적어도 1인당 20~30만 원은 써야 한단다. 먹고 마시는 것은 물론, 골프채 값 같은 것을 빼고도 그렇다. 이렇게 돈을 쓸 수 있는 사람, 자기 돈을 쓰지 않아도 접대를 받을 수 있는 만큼의 권력을 가진 사람들에게는 골프가 좋은 운동일 수 있지만, 대다수 국민에게는 전혀 그렇지 않다. 환경 훼손의 폐해가 심각한 것도 물론이다. 골프에 대해 엄격했고, 그 대신 조깅과 배드민턴을 즐겼다는 점에서 김영삼 정부 시절이 그립기도 하다. 물론 딱 그만큼뿐이지만.

학교를 교회처럼 생각하는 사람들

대광고등학교 학생회장이었던 강의석. 2004년 고등학교 3학년생이었던 그의 문제제기는 우리에게 익숙한 것이지만, 그 익숙한 것이 얼마나 많은 문제를 갖고 있었는지를 알게 해주었다.

종교적 배경을 갖는 사립학교에 다니는 학생들이 성경 공부를 하고 예배를 보아야 하는 것은 익숙한 일들이다. 고등학교만이 아니라, '채플'이 있는 사립대학도 많다. 믿음이 없거나 다른 종교를 갖고 있는 학생들에게도 예외는 없었다. 예배에 참석하지 않으면 졸업할 수 없는 등 갖가지 불이익을 받아야 하는 일도 당연한 것처럼 여겨졌다. 다만 익숙하다는 이유만으로 우리에게는 곧잘 옳은 일로 여겨진다. 낯선 것이 왠지 잘못된 일처럼 여겨지게 하는 것도 같은 차원의 관성 때문이다.

학교 설립자나 이사장이 믿는 특정 종교를 교직원이나 학생들에게까지 강요하는 것은 엄연히 헌법상 종교와 양심의 자유를 침해하는 행위이다. 종교적 배경을 갖는 사립학교들은 선교를 위한 일이라고 강변하지만, 학교는 선교를 하는 곳이 아니다. 학생들이 자발적으로 종교 교육을 원한다든가, 또는 교회가 아닌 학교에서도 예배 참석을 원한다면, 원하는 학생들만을 위한 종교 교육이나 예배가 가능할 수 있을 것이다. 하지만 전교생을 대상으로 의사를 묻지도 않고 무턱대고 예배를 강요하는 학교는 세계 어디에도 없다.

단지 예배를 강권하는 데서 멈추는 것도 아니다. 예배에 참석하지 않는 학생들은 운동장에서 잡초 뽑는 작업을 해야 한다거나, 기독교인이 아니면 학생회 임원도 될 수 없다든지 하는 각종 불이익을 당해야 한다. 매일 성경을 읽게 하고 공개적인 기도와 헌금을 강요하고, 수업이든 행사든 기도로 시작해서 기도로 끝내는 학교도 많다. 심지어 구약성경에 그렇게 써 있다며 성경을 문자 그대로 해석해서 비늘이 있는 물고기는 먹지 못하게 하는 학교도 있다. 좋은 식자재가 되는 오징어, 문어, 낙지는 아예 급식 품목에서 빠져 있고, 돼지고기 역시 마찬가지다.

나는 종교적 계율이 필요하다고 생각한다. 그렇지만 그것은 자발적 동의로 종교를 자신의 신념으로 받아들인 사람들, 기쁘게 계율을 선택한 사람들의 몫이다. 내게는 천주교 신부가 된 친구가 여럿 있는데, 이들은 누구의 강요도 없이 스스로 독신의 삶을 선택하고, 신자들과 함께 어울려 사는 성직자로서 살아갈 것을 기쁘게 택했다. 그럼 좋다.

그렇지만 자신이 선택하지 않은 종교적 계율을 누군가 강요하는 것

은 매우 심각한 문제다. 더군다나 종교적 배경을 갖는 사립학교에 다니
는 학생들이 오징어를 먹지 못하고 예배에 강제로 참석해야 하는 그런
종교적 계율을 지키겠다고 그 학교를 선택한 것이 아니기 때문이다. 일
부 비평준화 지역을 빼고 학생들에게는 학교 선택권이 원천적으로 없
다. 본인의 의지나 선택과 무관하게 '뺑뺑이'를 통해 자기가 다녀야 할
학교가 결정되는데, 오로지 그 학교에 배정되었다는 이유만으로 학교
급식에서 오징어, 문어, 돼지고기를 구경조차 할 수 없다면 이는 잘못이
다. 먹을거리 품목을 자기들 마음대로 정해 편식을 강요하는 건 한창 먹
고 자라날 아이들에게 못할 짓을 하는 것이 아닌가.

성경책이나 찬송가책을 강제로 사게 해서, 거기서 나오는 몇 푼의 이
익을 탐하는 부도덕한 학교도 있다. 전교생을 매일 아침 예배에 참석시
키기도 하고, 종교 수련회 참석도 강제한다. 강제로 하는 예배가 그들이
믿는 신을 얼마나 기쁘게 할지도 모르겠다. 심지어 어떤 학교는 이사장
이 종교를 바꾸었다고 교직원과 학생들에게 자신이 개종한 종단의 예
배를 강요하기도 한다.

종합대학교(신학교가 아닌)인 강남대학교는 불상에 예를 표했다는 이
유로 대학교수를 잘라 버렸다. 우상을 숭배했다나 어쨌다. 다른 종단
의 동아리 활동을 아예 허용하지 않는 학교는 너무 많다. 다른 신앙을
가진 사람들이 내는 등록금이나 기부금은 잘도 받으면서, 중요한 것은
오로지 자신들만의 신앙의 자유이지 다른 사람의 자유는 아니란다.

거듭 말하지만, 학교는 교회가 아니다. 예배가 필요하다면 그 필요를

느낀 사람들끼리 하면 그만이다. 성경 공부와 찬송도 마찬가지다. 종교의 자유는 자신이 신봉하는 종교 예식에 참석하는 자유이기도 하지만, 다른 사람이나 자신이 속한 조직에 의해 종교를 강요받지 않을 자유도 포함하는 것이다.

우리가 너무도 익숙하게 여길 정도로, 종교적 배경을 갖는 사립학교의 종교 자유 침해는 일상적이다. 국가가 대신 교육을 맡긴 사립학교에서 명백한 인권 침해가 벌어지는데도 국가는 팔짱만 끼고 앉아 있다. 시청 앞에서 열렬히 성조기를 흔드는 그 사람들의 힘과 굳이 충돌하고 싶지 않은 정치인과 관료들의 명백한 직무 유기다. 교세 확장을 위해 공교육을 이용하는 일부 종교인의 잘못된 탐욕 때문에 어린 학생들의 가슴에 피멍이 들고 있는데도 국가는 아무런 역할도 하지 않고 있다.

단어 입력도 안 되는 durns, 존재감도 없는 여군

사무실에 한 여군이 찾아왔다. 여성 헬기 조종사로 유명한 피우진 중령이다. 단지 암에 걸렸다는 이유만으로 강제 전역을 당할 위기에 처해 있었다. 피우진 중령과의 만남을 통해 여군이 처한 현실이 어떤가를 들여다 볼 수 있었다. 남성 위주의 군대에서 여군은 그저 장식처럼 여겨질 뿐이었다. 힘이 닿는 대로 피우진 중령을 도와드리기로 했지만, 시작부터 고약한 문제와 부딪쳐야 했다.

흔히들 쓰는 컴퓨터의 한글 프로그램에서 '여군'을 입력하면, 여군이라는 한글 대신 'durns'라는 영문 철자로 저절로 바뀌게 되어 있다. 그런 단어 자체가 없기 때문이다. 혹시 영어 단어를 한글로 잘못 쓴 게 아니냐는 친절한 '고침' 기능 때문이다. 따라서 여군이란 단어를 치기 위해서는 '여성 군인'이라고 쳐 놓고 조심스럽게 한 글자씩 빼거나, 메모장에 쳐 놓고 필요할 때마다 복사해서 써야 한다. 아니면 '찾아 바꾸기'

기능을 써서 이 이상한 영어 단어를 고칠 수도 있다. 어떻게 하든 잘못된 단어를 고칠 수는 있지만, 이렇게 바꾸고 고치는 방법이 정상은 아니다. 이처럼 한글 프로그램에서 여군은 존재감 없는 유령 같은 존재이다. 한글 프로그램에서만 그런 것은 아니다.

피우진 중령의 책 《여군은 초콜릿을 좋아하지 않는다》는 여군이 군대에서 받는 차별과 들춰 보기도 민망한 갖가지 사례들이 나와 있다. 오죽하면 책 제목을 그렇게 붙였을까. 여군은 그저 초콜릿 같은 군것질거리나 좋아하고, 술자리에서 술이나 따라야 하는 존재, 함께 일하고 싶지 않고 장식으로서의 역할 수행에나 딱 어울릴 존재로 보는 남군들의 시각이 이 책 곳곳에서 잘 드러나 있다.

징병제 구조에 남성만 병역 의무를 지고 있는 상황에다, 슬림화하지 못한 전형적인 병 위주의 편제(특히 육군에서 이런 모습이 두드러진다)에서 여군의 일반적인 역할은 간호병 정도였다. 여군의 역사는 오래 되었지만, 한동안은 결혼도 하지 못하게 했다. 또 결혼은 허용하더라도 임신과 출산은 불허하던 어처구니없던 시절도 다 있었다.

각종 병과兵科에서도 간호 병과와 여군 병과에만 인력이 배치되기도 했다. 병과란 군의 다양한 기능에 따라 인력을 배치하는 인사 시스템이다. 장병들을 보병, 포병, 항공, 수송, 의무 등으로 나눠 배치하는 것은 전문성을 확보하고 군의 효율성을 높이기 위한 일종의 안전장치와도 같다. 그런데 여군 병과라니 적어도 군대에서 여성은 각 기능별 전문성과는 무관하게 그저 여성이라는 이유만으로 별난 존재 취급만 받아왔던 것이다. 다행히도 여군 병과는 없어지고, 여군들도 각자의 소질에 따른 병과로 나눠 배치되고 있다. 하지만 그렇다고 차별이 없어지고, 여군이 남군과 동일한 지위를 누리며 군인으로 살게 된 것은 아니다.

시스템상의 차별은 많이 사라졌다. 민주화의 진전에 따라 이제 여성들도 사관학교에 갈 수 있게 되었다. 육·해·공 사관학교의 수석 입학과 수석 졸업은 언제나 여성들이 차지할 정도로 자질도 높고, 고단하기만한 군사 훈련도 뒤처지지 않고 수행해 내고 있다. 사관학교를 나온 여성 장교들의 활약도 주목할 만하다. 실질적인 부대 운영을 책임지는 여성 부사관들도 마찬가지다. 임신과 출산에서도 불이익을 받지 않게 되었고, 법이 허용하는 출산 휴가도 보장받을 수 있다.

아직도 부족한 점이 눈에 띄는 게 사실이지만 적어도 시스템은 많이 고쳐지고 있다. 그렇지만 남성들의 뿌리 깊은 차별 의식은 여전하기만하다. 기계군의 성격을 갖고 있는 공군과 해군의 경우에는 그래도 좀 낫지만, 육군은 애써 여군을 밀어내기라도 해야 하는 사람들처럼 보이기도 한다. 술자리에서 술을 강제로 먹게 하고, 술을 따르라고 윽박지르는 모습에서 어떻게 명예로운 군인의 모습을 찾을 수 있겠는가. 명예를 먹고사는 군인이라면 오히려 약자를 보호하는 신사의 모습이어야 하지 않을까. 눈에 잘 띄지 않는 인사상 불이익이나 함께 근무하기를 기피하는 모습도 많다.

군 안팎의 거듭된 문제제기에도 불구하고 여군 차별이 좀처럼 없어지지 않자, 국방부에서는 아예 여군 보호관 제도를 만들고, 책임자들에게 정기적으로 양성 평등 교육까지 시키고 있다. 이런 노력이 결실을 맺었으면 좋겠다. 여성도 제대로 된 군인으로서 살아갈 수 있었으면 좋겠다.

완장은 우습다

번쩍번쩍 경광등을 단 차들이 있다. 소방·응급차나 경찰 순찰차만이 아니다. 왜 달고 다니는지 알 수 없는 차들이 있다. 해병전우회나 베트남참전군인회 같은 전직 군인들 단체의 차량이나 무슨무슨 환경보호 단체 소속의 차량, 사설 응급 구조 차량, 이름도 생소한 언론사의 차량들, 검찰이나 경찰 유관 단체 회원들의 차량들이다. 이런 차량들이 모두 무슨 협회 같은 곳의 차량일 리는 없고, 대체로 개인 소유 차량일 텐데, 근사하게 단체 이름도 넣고, 더 근사하게 경광등도 달고 하는 것이다.

달아 보지 않아서 모르겠지만, 경광등을 달면 평소에도 뭔가 근사해 보이는 효과가 있나 보다. 교통이 막히는 곳에서 불법 유턴이나 끼어들기, 신호등 무시하고 달리기, 고속도로 갓길 주행, 불법 주정차 모두 경광등과 함께라면 괜찮을 것 같아 보인다.

실제로 도로교통법상 '긴급 자동차'는 속도 제한, 앞지르기, 끼어들기 등 주행상 각종 금지에 저촉되지 않을 수 있다. 다른 차량은 긴급 자동차를 위해 비켜 주어야 한다. 그렇지만 법이 정한 긴급 자동차는 소방차와 구급차, 그리고 시행령으로 정하는 몇 가지 종류의 차량들뿐이다. 이를테면 경찰차 중에서도 (모든 경찰차가 아니라) 범죄 수사, 교통 단속, 긴급 업무 수행에 사용되는 차량, 군 차량 중에서도 (모든 군 차량이 아니라) 질서 유지용 차량, 교도소의 호송용 차량, 경호 업무 수행에 (개인적 용무가 아니라) 공무로 사용되는 차량 등이다. 이것도 그 본래의 긴급한 용도로 사용될 때만이 긴급 자동차로서의 '혜택'을 누릴 수 있다. 해병 전우회 차량 같은 것이 아무리 공익적 목적으로 자원 봉사를 하고 있다고 해도 법률상 긴급 자동차가 아니다. 긴급 자동차로 오해할 만한 표식을 해서도 안 된다.

차량 앞에 붙여 놓은 각종 표식들도 마찬가지다. '자녀 안심하고 학교 보내기 운동본부 ○○시 ○○구 위원'부터 시작해서 '○○경찰서 행정발전위원회 위원', 또 '~문제연구소 위원'이나, '어쩌구어쩌구 신문 기자'까지 참으로 이름도 생소한 각종 부착물들이 있다. 이런 것을 붙이고 다니면 관공서 출입이나 불법 주정차 때 약간의 혜택이라도 있는 걸까.

이런 식의 완장 문화는 끝도 없다. 학교 구성원의 참여를 통한 민주적 운영을 위해 만들어진 학교운영위원회 제도는 그저 자기 자식 더 잘 봐달라는 학부모들의 모임이 된 지 오래다. 애들을 볼모처럼 맡겨 놓았으니, 운영위원이라는 완장이라도 차고 있어야 안심이 된다는 거다.

완장 문화의 그림자는 공공 기관일수록 더욱 짙게 드리워져 있다. 참여 정부 시절, 최초의 여성 장관이 임명된 법무부 행사에서 직접 겪은 일이다. 대검찰청사에서 열린 토론회에 토론자로 참석하고자 행사장인 4층 강당으로 가기 위해 엘리베이터를 탔는데, 3층에서 한 법무부 직원이 엘리베이터를 세우더니 모두 내리라는 거였다. 그냥 막무가내로 내려서 걸어 올라가라고 채근했다. 마치 건물에 불이라도 난 것처럼 호들갑이었다. 이유는 간단했다. 1층에 장관님과 총장님(검찰총장)이 기다리고 있다는 거였다. 기가 막혔다. 검찰의 인권 수사에 대해 토론하는 자리였는데, 법무부의 완장 문화는 자기네들이 초청한 바깥손님들을 엘리베이터에서 다짜고짜 내리게 할 만큼 완고하고 어리석었다. 왜 장관과 총장은 잠깐만 더 기다리면 안 되었을까. 의전이 그렇게 중요했다면, 아예 엘리베이터 한 대를 미리 잡아 두는 지혜(?)를 발휘하면 그만이었을 텐데. 무례할뿐더러 머리마저 나쁜 완장들이었다.

교회의 각종 직분, 회원 수보다 더 많은 임원 수를 자랑하는 시민사회 단체의 각종 임원직, 오로지 놀기 위해 만든 동호회마다 숱하게 있는 회장, 부회장, 이사들……

건전한 상식을 가진 시민들은 완장 따위에 연연해 하지도 않고, 완장에 기대 약간의 편의와 조금의 이익도 구하지 않는다.

완장 자체가 불필요한 것은 아니겠지만, 완장은 특혜가 아니다. 봉사라는 본질을 충족할 때만 의미를 가진다. 우리가 가뜩이나 막히는 도로에서 그래도 긴급 자동차에게 길을 비켜 주는 이유는 그 자동차들이 급한 불을 끄러 가거나, 위급한 환자를 옮기고 있기 때문이다. 소방 업무나 환자 이송 업무는 기본적으로 공적 봉사 활동이다.

완장이 권력이 아니라 봉사의 상징이 될 때, 우리는 비로소 일제 시대부터 군사 독재 시절까지, 아니 지금껏 이어오고 있는 완장 문화에서 자유로울 수 있을 것이다.

자전거와 상품권을 얹어 주는 신문

　　　　　　　　　　　이명박 정부의 교육 정책에 대한 우려
가 많다. 대학 입시를 단계적으로 대학 자율에 맡기고, 자립형 사립고
등 특성화 고등학교를 확대하는 것이 이명박 정부가 내세운 교육 정책
의 골자다. 전문가들의 전망에 따르면, 이러한 정책이 평준화의 근간을
뒤흔들고 사교육 부담을 가중시키는 한편, 가난한 집안의 자녀가 대학
에 진학하는 것을 지금보다 더 어렵게 할 것이라고 한다. 그런데, 이런
정책에 대한 국민의 반응은 전문가들의 예상과는 다르다. 한국갤럽의
여론 조사에 따르면 52.1퍼센트가 찬성했고, 반대는 26퍼센트였으며,
'모름·무응답'은 21.9퍼센트였다. 응답자들을 직업별로 구분할 때, 화
이트칼라만이 반대 47.3퍼센트로 찬성 43.2퍼센트보다 많았다.

　이 같은 통계는 구체적인 정책에 대한 좋고 싫다는 선택이 자기의 이
익에 기반하지 않는 이상한 현상을 확인시켜 준다. 자립형 사립고가 늘

고, 본고사 부활이 확실시 되는 대학 입시의 대학 자율이 공교육을 위축시키고, 사교육 시장은 더 늘어날 것이라는 것은 누구나 쉽게 예측할 수 있다. 고액의 학원비, 과외비를 부담하기 힘든 계층의 대학 진학은 점점 더 어려워질 것도 뻔히 보이는 일이다. 그런데도 사교육의 부담을 블루칼라보다 훨씬 덜 느낄 화이트칼라에서만 반대 의견이 많고, 나머지 직업군에서는 찬성이 높게 나타나는 현상은 '의식'과 '존재'가 따로 노는 한국적 특성을 보여 준다.

한국 사람들이 자기 자신을 위해 그리고 자녀들을 위해 자기에게 유리한 정책을 선택하지 않고, 오히려 불리할 것이 뻔한 정책을 선택하는 이유는 그들의 의식이 오랫동안 언론에 의해 길들여지고 지배당해 온 결과이다.

보통의 경우 의식 형성을 위한 길잡이 역할을 하는 것은 교유하는 사람들의 말에서 나온 정보나 책에서 읽거나 텔레비전, 신문에서 보는 정보들이다. 하지만 한 달에 한 권의 책도 읽지 않는 한국 사람들이니, 책을 통해 의식 형성을 할 가능성은 높지 않다. 게다가 주변 사람들의 말이란 것도 대개는 언론을 통해 접한 것이니, 한국인의 의식 형성에 지대한 영향을 끼치는 것은 뭐니뭐니 해도 언론이다. 개중 텔레비전은 예능, 스포츠, 드라마 등의 오락 기능에 충실한 매체인 터라 실제로 한국 사람들 의식에 지대한 영향을 미치는 것은 신문이다.

한국의 신문은 어떤가. 신문 시장에서 절대 강자로 군림하는《조선일보》,《중앙일보》,《동아일보》(조중동)는 태생적으로는 물론이고, 지면을

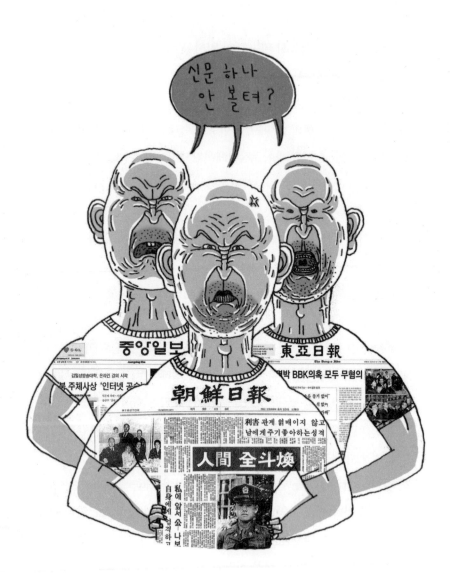

통해서도 철저하게 계급 지향적인 모습을 보여 주는 신문이다. 이들의 지향은 재벌과 부자에 맞춰져 있다. 80 대 20의 사회에서 이들 신문의 지향은 늘 소수 20을 향한 것이다.

2007년 4월 14일 《중앙일보》는 이례적으로 독자투고를 1면 머리기사로 실었다. 자녀를 외국어고와 과학고에 보내고 있다는 한 경찰관의 투고였다. 이 경찰관은 "3불 정책(고교 등급제, 대학별 본고사, 기여 입학제)의 가장 큰 피해자는 가난한 집의 공부 잘하는 자식"이라며, 본고사 실시를 주장했다. 《중앙일보》가 한 경찰관의 독자투고를 1면 머리기사로 배치한 것은 스스로 하고 싶은 말이기 때문이었을 게다.

대학별 본고사가 부활하면 가난한 집 아이들이 이른바 '좋은' 대학에 들어갈 가능성은 더 적어질 수밖에 없다. 돈 내고 대학에 들어가는 기여 입학제야 서민의 처지에서는 남의 일일 뿐이다. 또한 고교 등급제는 지금의 특목고 열풍에서 보는 것처럼 고교 서열화를 낳고 이는 곧 막대한 사교육비를 감당해야 하는 입시 전쟁이 중학, 아니 초등 단계까지 내려오는 결과를 가져오게 될 것이다.

그런데도 뻔한 공무원 월급만으로 자녀 교육을 감당해야 할 경찰관이 (비록 이름은 밝히지 않았지만) 이런 글을 신문에 보낸다는 것은 영 이상하다. 고액 연봉을 받거나 재산이 많은 경우라면 몰라도, 하위직 공무원이 자기의 이익과 전혀 반대되는 주장을 펼치는 것을 어떻게 이해해야 할까.

역시 존재가 의식 형성에 별다른 영향을 미치지 못한 탓이다. 가난한 사람이 가난한 사람을 위한 정책을 펴는 정당에 투표하기보다는 차별성을 거의 찾아볼 수 없는, 기껏해야 지역적 차이밖에 없는 보수 정당에 투표하는 행태나, 부자의 이익을 우선시 하는 보수적인 신문을 보는 것 따위의 일이 한국에서 자연스럽게 받아들여지는 것은 이런 까닭이다.

신문 시장을 장악한 신문들은 오늘도 구독 부수를 늘리기 위한 판촉을 다양하게 진행하고 있다. 공정거래법을 위반한 불법 행위도 판을 친다. 자전거에 백화점 상품권, 심지어 현찰까지 다양한 선물 공세를 미끼로 독자를 모으고 있다. 그렇다면 한국 사람들은 자신의 의식을 기껏해야 5만 원도 안 되는 중국제 자전거 한 대나 백화점 상품권과 맞바꾸는 사람들이다. 책을 읽지 않는 것도 부끄럽지만, 겨우 몇 만 원에 자신의 의식을 팔아넘기는 것은 더욱 부끄러운 일이 아닌가?

길거리를 뒤덮은 현수막 물결

'기획사'라고 하면 어떤 것이 먼저 떠오를까. 연예인이 꿈인 청소년들은 곧바로 '연예 기획사'나 '공연 기획사'를 떠올릴 테지만, 포스터나 초청장, 리플릿 같은 인쇄물이나 현수막 등을 제작해 주는 업체도 보통 '기획사'라고 부른다.

연예, 공연, 행사 기획사와 비교도 안 될 만큼 많은 수의 인쇄 대행 등의 기획사가 영업 중이다. 개중에서 현수막을 제작하는 기획사들은 보통 동네에서도 몇 군데 쉽게 찾을 수 있을 정도로 우리와 가까운 곳에 있다. 현수막 만드는 곳이 많다는 것은 곧 우리가 그 업체들이 먹고살 수 있을 만큼의 많은 현수막을 만들고, 그것들에 둘러싸여 살아가고 있다는 거다.

현수막은 여러 사람들의 눈에 잘 띄는 곳에 붙여 놓는다. 뭔가 알릴 일이 있을 때 쓰는 쉬운 선전 방법이다. 요즘은 인쇄 기술이 발달해 현수막에다 사진이나 그림도 얼마든지 넣을 수 있고, 색상이나 모양으로 다채롭게 멋을 부리는 것도 어렵지 않다.

주로 우리 눈에 띄는 현수막들에는 어떤 것이 있을까. 일단은 관공서에서 붙이는 각종 홍보 현수막들이 있다. 언제가 동네 청소하는 날이라는 것부터, 무슨 행사가 있으니 참석 바란다는 내용들을 잔뜩 붙여 놓는다. 불조심해라, 교통 법규 지켜라, 문단속 잘 해라, 에너지 아껴 쓰라는 등 시민 계도형 잔소리를 늘어놓는 현수막의 수도 만만치 않다. 그래도 가장 많은 것은 상업 목적의 현수막일 게다. 음식점, 미용실, 헬스클럽, 학원 등 다양한 업종의 업체들이 다양한 현수막을 붙이고 있다. 현수막 제작 업체를 홍보하는 현수막도 빠지지 않고 등장한다.

그 다음에는 주로 학교나 학원 앞에서 볼 수 있는 민망한 현수막들이 있다. 어느 학교에 몇 명이 합격했다, 누가 어느 학교에 수석으로 붙었다, 누구는 어떤 시험에 붙었다는 내용들이 잔뜩 쓰여 있다. 결국 우리 고등학교는 이런저런 명문 대학에 몇 명을 보냈으니 자랑스럽다, 우리 학원에 다니면 현수막에 이름 적힌 학생들처럼 자신이 원하는 학교에 합격할 수 있다는 것을 그런 방식으로 선전하는 거다. 아직 시험을 보지도, 시험에 합격하지도 않았는데, 단지 시험 잘 보라는 격려의 뜻을 담은 현수막도 많다.

또한 선거철이 되면 후보자의 이름이 쓰인 현수막으로 온 나라의 거리를 거의 도배하다시피 한다. 심지어 불법 현수막을 내걸면 안 된다는 내용을 적어 놓은 현수막도 있다.

그 밖에도 동네에서 경축할 만한 일이 있으면 이를 기념하기 위해 자체적으로 현수막을 내거는 경우도 있다. 특히 시골 마을일수록 현수막에 적힌 내용이 매우 구체적이어서 재미있는 한편 놀랍기도 하다. 실례로 김 아무개의 미국 ○○대학 박사 학위 취득을 축하하는 현수막에, 김 아무개가 취득했다는 학위 논문의 제목과 학위 취득 일자는 물론이고, 그의 부모 이름과 정확한 집 주소까지도 적혀 있는 것을 목격한 적이 있다. 게다가 시골 마을일수록 현수막은 대개 걸려 있는 기간도 길다.

포항처럼 대통령을 배출한 도시의 현수막 물결은 거의 쓰나미 수준이다. 도시 전역을 휩쓴다.

한국처럼 현수막을 많이 붙여 놓은 나라는 없다. 사시사철 현수막 물결이 넘실대는 나라다. 다른 나라를 여행해 본 기억을 되살려 보라. 세계 어느 나라에 이렇게 많은 현수막이 붙어 있는지를. 아예 현수막을 찾아볼 수 없는 나라들도 많다.

광고를 해서라도 더 많은 매출을 올리고 싶어 하는 업자들의 욕구는 현수막을 내다 거는 것으로 분출되고 있다. 현수막 제작으로 인한 환경 문제도 심각하지만, 평온히 길을 가는 시민들이 현수막에게 자꾸 시선을 빼앗기는 것도 문제다. 한마디로 시각 공해다. 광고의 자유보다 훨씬 더 중요한 것은 평온한 길거리, 광고에 노출되지 않을 일반 시민들의 권리다. 길거리 광고 현수막은 형식적으로가 아니라 실질적으로 규제해야 하고, 단속해야 한다. 단속의 주체인 관공서가 내거는 현수막도 마찬가지다. 꼭 알아야 할 정보는 별로 없다. 대개는 시민을 우스꽝스럽게 만드는 계몽 아니면, 일방적인 치적 홍보가 전부다. 자기들부터 내거는 물량이 많으니, 업자들을 단속할 처지도 아닌가 보다.

한편, 교육 관련 업체나 학교, 그리고 학생들이 내다 거는 현수막은 유치하기만 하다. 대학은 물론 특목고 열풍에 기대 고등학교, 심지어 중학교까지 서열화해 놓고, 더 높은 서열의 학교에 진학하는 것이 무슨 동네 경사라도 되는 것처럼 요란하게 '경축' 현수막을 붙여 놓은 것은 끈 떨어진 현수막이 바람에 날리듯 너무 경박하다. 국민의 공복이 되기 위한 사법 시험이나 무슨무슨 공무원 시험에 합격했다고 붙이는 현수막도 마찬가지다. 사람 자체를 서열화하고 구별 짓는 고약한 짓이다.

뭐가 되었든 아까운 자원을 낭비하며 길거리를 어지럽히지는 않았으면 좋겠다. 그렇지 않아도 알아야 할, 아니 좀더 정확히 말하자면 알아야 한다고 강요하는 정보가 자꾸 많아지는 정보 과잉의 시대가 아닌가. 길거리에서만이라도 눈이 좀 편했으면 좋겠다.

조폭 같은 회장님

한화그룹 회장 김승연. 재벌 회장이 조폭 영화를 너무 많이 보셨나. 애지중지 아끼는 아들이 얻어터지고 들어오자, 완전히 한 편의 조폭 영화를 찍으셨다. 차이가 있다면 영화는 픽션이지만 김 회장은 리얼 다큐멘터리를 찍었다는 것이다. 진짜 조폭을 동원하고, 비서실 직원들을 앞장세워 아들을 때린 사람들을 야심한 밤에 납치해서 청계산 자락의 빈 건물까지 끌고 가 흠씬 두들겨 주었다. 증언이 엇갈리지만 맨손으로 때렸던 것은 아니었다. 죽지 않을 만큼 때리고는 (어디서 많이 본 장면처럼) 술이나 마시라고 거액을 뿌리기까지 했단다. "니네들이 저지른 잘못을 반성하라"는 조폭 보스 같은 근엄한 멘트를 날리면서.

김승연이 전직 경찰청장을 회사의 고문으로 채용하고 있는 탓에 경찰의 비호는 확실했다. 상부의 비호 때문에 정상적인 사건 처리가 불가

능했던 한 경찰관은 《한겨레》 기자를 만나 자초지종을 털어놓았고, 덕분에 우리도 사건의 전모를 알게 되었다.

다른 사람을 때리는 일은 형법상 폭행죄로 처벌받게 되어 있지만, 이 사건처럼 위험한 물건을 들고 여러 사람이 함께 때리는 경우에는 '폭력행위 등 처벌에 관한 법률(폭처법)'의 적용을 받는다. 다른 범죄이긴 하지만, 김승연은 두 번이나 구속된 적이 있던 사람이기 때문에 더 무거운 처벌을 받게 된다.

여론의 힘에 밀려 겨우 구속은 되었지만, 구속된 직후부터 우울증과 불면증을 호소해서 구치소 대신 대학 병원의 특실에서 생활하는 특혜를 누렸다. 하긴 조폭 영화 찍다시피 하며 날 듯 사셨던 분이니 좁은 감방이 갑갑하기도 했겠지만, 그래도 불면증과 우울증은 좀 심했다. 구금시설은 원활한 감시를 위해 밤에도 불을 켜 놓는다. 잘 때 불을 끄고 자는 것이 보통 사람들의 생활인지라 누구든 구치소에 가면 잠을 뒤척이게 마련이다. 처벌을 받기 위해 집이 아닌 특별한 공간에 갇혀 있는데 잠이 잘 온다면, 그리고 우울하지 않다면 보통 사람의 수준을 훌쩍 뛰어넘는 내공이 있는 사람일 게다. 사람에 따라 정도의 차이는 있겠지만, 대부분의 재소자가 처음에는 우울증과 불면증 증세를 보인다. 그렇다고 누구나 김승연처럼 대학 병원으로 가는 특혜를 받을 수 있는 것은 아니다.

특혜는 줄창 이어졌다. 김성호 법무장관이 나서 "부정父情이 기특하다. 정상 참작의 여지가 있다"고 분위기를 띄운 다음, 검찰은 징역 2년

형을 구형했다. 이건 그냥 1심 재판에서 집행유예로 풀어 달라는 노골적인 요구였다. 법원이 부담을 느낀 탓에 1심이 아닌 항소심에서 집행유예가 선고되있다. 이렇게 풀어 줄 때는 으레 "경제가 어쩌구……" 하는 설명이 따라 붙는다. 국민의 관심이 집중된 사안인지라 그것만으론 부족했는지, 판사는 김승연을 풀어 주며 '화광동진^{和光同塵}'이라는, 노자의 《도덕경》에 나오는 사자성어까지 인용하며 짐짓 준엄한 채 하기도 했다. 노자 말씀의 깊은 뜻을 정확히는 모르겠으나, 김승연에게 그 말을 쓰는 것은 가당치도 않다. 그 판사는 국민들에게 잠깐이라도 동양 고전을 들춰 볼 동기를 주었지만, 자신은 조롱거리가 되기에 충분했다.

한편, 비슷한 시기에 검찰은 뉴코아-이랜드 비정규직 조합원 14명에 대해 무더기로 구속 영장을 청구했다. 대부분은 주부들이었다. 재벌 회장이 정상적인 사회생활을 하는 것도 중요하지만, 주부들이 한 가정의 어머니로서, 또한 생업에 종사하면서 생계를 잇고자 해야 하는 일의 무게도 결코 가볍지는 않다. 결국 헌법과 법률의 정신은 재벌 회장이든 가정주부든 비정규직 노동자이든 간에 누구나 똑같은 무게로 공평한 대접을 받아야 한다는 것인데, 실제 사건에서 확인한 결과는 결코 그렇지 않다. 이건희, 정몽구, 김승연 등 재벌 회장은 수사 단계부터 특권을 누리고, 법원의 판결에서도 특혜를 받는다. 면도를 하지 않은 초췌한 얼굴로 휠체어를 타는 약간의 수고만 보여 주면 그만이다. 재벌 회장이란 사람들도 대부분 아버지 잘 만나서 부를 세습한 사람들일 뿐인데도 그렇다.

'유전무죄 무전유죄'는 1988년 탈주범 지강헌이 세상을 조롱할 때 쓴

말이다. 그의 조롱에도 세상은 변하지 않고 있다. 민주적 통제도 시민적 통제도 받지 않는 경찰, 검찰, 법원의 고관대작들이 '유전무죄 무전유죄'의 망국적 폐해를 이어가고 있다. 법의 지배가 관철되지 않고 법 앞에 모든 국민이 평등하지 않으며 돈 많은 사람은 특권을 누리고 돈 없는 사람은 가혹한 판결에 시달려야 하는 무전유죄, 유전무죄의 현실. 결국은 그것이 자신들의 기반을 뒤흔들 것이란 당연한 이치도 모르나 보다.

계급 사회가 낳은 폭탄주

폭탄주는 양주(주로 위스키 종류)에 맥주를 섞어 마시는 거다. 이게 전통적이지만, 양주 값이 부담되는 경우에는 소주와 맥주를 섞어 먹기도 한다. 한국에만 있는 폭탄주 문화는 빨리 마시고, 빨리 취하기 위해 고안된 비인간적인 풍경이다.

제정 러시아 시대 때 시베리아에서 강제 노동을 하던 벌목 노동자들이 추위를 이기려고 맥주에 보드카를 섞어 마셨던 데서 유래되었다는 말도 있지만, 러시아 벌목 노동자들의 음주 습관이 우리에게까지 영향을 미쳤다고 보기는 어렵다.

한국에서 폭탄주가 본격적으로 유행하게 된 것은 박정희의 죽음과 신군부의 등장이 결정적인 계기가 되었다. 박정희가 여대생과 유명 가수를 불러 놓고 기생 파티를 벌이다 죽임을 당한 현장에는 '시바스 리갈'이란 양주가 있었다.

프랑스계 다국적 기업인 페르노리카가 만든 이 술은 비약적 경제 성장을 한 지금의 한국에서는 대략 대중적인 양주다. 하지만 미군 부대를 통해서가 아니면 양주를 구경조차 할 수 없었던 1970년대 후반에는 누구도 쉽게 마실 수 없는, 대통령이나 마시는 술이었다. 같은 회사에서 만드는 '발렌타인'이나, 영국계 다국적 기업 디아지오가 만드는 '윈저'나 '조니워커' 같은 양주도 있었지만, 박정희가 죽고 난 직후였던 1980년대 인기를 끌었던 것은 단연 '시바스 리갈'이었다. 국내산 양주도 있었지만, 사람들의 눈에 차지는 않았다. 술의 품질 때문이 아니라 브랜드 때문이었다. "나도 대통령이 먹던 술 한번 먹어보자"는 호기심 어린 욕구가 시바스 리갈만을 찾게 만들었다.

외국 출장을 다녀오는 사람들은 어김없이 양주 한두 병씩 사들고 왔고, 보안 요원으로 민항 항공기를 탔던 경찰관들은 아예 양주 박스를 들고 들어오는 밀수업자 역할을 하기도 하였다.

그래도 이런 식으로 해외여행객들이 찔끔찔끔 갖고 들어오는 양주만으로는 국내의 폭발적 수요를 당해 낼 수 없었다. 이때 이심전심으로 생각해 낸 것이 바로 폭탄주였다. 귀한 양주인 만큼 국내에서 얼마든지 생산이 가능한 맥주와 섞어 마시면 좋겠다는 생각이 폭탄주를 급속히 확산시켰다. 싼값에 빨리 취하는 것도 폭탄주의 장점으로 여겨졌다.

1980년대 초반 박희태 검사가 춘천에서 처음 만들었다는 설을 비롯해 몇몇이 원조 경쟁을 하고 있지만, 새로운 주법의 개발과 보급에 지대한 기여를 한 것은 신군부였다. 군인들이 먼저 시작했고, 쿠데타 이후

각계 인사들과 어울려야 하는 자리가 많아지면서 자연스럽게 사회적으로 확산되었다는 것이 정설이다. 군인들이 먼저 시작한 이 음주 문화는 정치권, 법조계, 언론계, 조직 폭력배 등에서 급속히 확산되었다. 특히 위계가 분명한 계급 조직일수록 폭탄주 문화는 빠르게 전파되었다.

폭탄주는 그냥 술병만 따서 마실 수 있는 간편한 술이 아니다. 술을 마시는 사람들이 직접 제조를 해야 한다. 제조를 하는 사람은 흔히 말하는 '병권瓶權'이란 것을 쥐게 되는데, 한 잔 만들어서 자신이 먼저 먹고는 한 잔씩 만들어서 참석자들에게 쭉 돌린다. 이런 방식이 위계가 분명한 조직에서 환영받는 이유는 좌장(술자리의 보스)이 호흡을 고르며 마시는 양을 조절할 수 있고 폭탄주를 제조하면서 언제나 주목을 받을 수 있기 때문이다.

폭탄주 제조법도 셀 수 없을 만큼 다양하다. 맥주에 양주를 섞는 것은 똑같지만, 비율이 얼마 만큼인가, 어떤 방식으로 섞는가, 섞기 위해 어떻게 흔드는가에 따라 각기 다른 이름을 붙이기도 한다.

군대, 언론, 법조, 정치권 등에서만 머물던 폭탄주 문화는 1990년대를 넘어 2000년대에 들어서면서 가히 전 국민적으로 확산되었다. 심지어 과외로 돈을 번 대학생들까지 폭탄주를 돌리기도 한다.

폭탄주로 인한 폐해도 너무 많다. 돈 많이 쓰고, 몸 버리고, 마침내 목숨까지 잃는 사람도 있는가 하면, 폭탄주로 인해 인생을 망쳐 버린 사람들도 적지 않다. 술잔이 한 바퀴 돌 때 주량이 약하다거나 술 마시기 싫다고 거절하기란 쉬운 일이 아니다. 개인의 형편보다 조직을 더 중시하는 문화 속에서 폭탄주를 거부하는 것은 함께 놀지 않겠다는 선언으로까지 받아들여진다. 일반적으로 여성이나 주량이 약한 사람들에겐 참으로 못 견딜 노릇이 된다.

1999년 대검 공안부장 진형구 검사는 대낮에 기자들과 폭탄주를 마시다, "공기업이 파업하면 검찰이 이렇게 대처한다는 것을 보여 주기 위해 조폐공사의 파업을 유도했다"고 속내를 드러냈다가 본인은 물론 법무부 장관과 조폐공사 사장이 물러나고, 특별 검사의 활동으로 이어지는 계기를 만들었다.

낮술로 먹은 폭탄주가 폭탄 발언으로 이어진 예는 셀 수 없이 많다. 이정빈 외교통상부 장관의 올브라이트(당시 미 국무장관) 가슴 운운하는 발언이나, 환경부 산하 환경분쟁조정위원장이 모시는 여성 장관을 비하하다가 집에 가게 된 것도 모두 낮술로 먹은 폭탄주가 문제였다. 그렇지만 사실 술이 무슨 죄가 있겠는가. 워낙에 그런 생각을 하고 사는 사람들의 정체가 술 때문에 드러난 것뿐이지.

폭탄주가 인간적인 주법은 아니지만, 그런 주법이 필요한 사람들, 그게 더 좋다는 사람들은 얼마든지 자신만의 주법을 즐길 권리가 있으니, 뭐라 할 수 없다. 다만, 싫다는 사람에게 억지로 술을 권하거나, 좋은 술 먹고 사고 치지 않는다는 전제가 충족된다면 말이다.

무노조 왕국, 그 주인은 황제

삼성그룹 회장 이건희. 그는 황제 같다. 아니, 황제다. 일단 사는 집이 그렇다. 건설교통부가 발표한 공시 가격에 따르면 이건희의 이태원 주택은 91억 4천만 원으로 최고가를 기록했다. 아쉽게도 2위 자리를《조선일보》방우영의 흑석동 집에 내주었지만, 3위와 4위도 이태원과 장충동에 있는 그의 집이 차지했다. 공시 가격은 91억 원, 매매 가격은 150억 원쯤 된다지만 사실 거래는 없다. 공시 가격이 가장 싼 경북 울진의 한 주택에 비하면 무려 3만 배나 차이가 난다.

자녀들도 다 커서 출가시킨 늙은이가 대지 649평, 건물 연면적 1,100평이나 되는 큰 집에 살아야 하는 이유는 그가 황제이기 때문이다. 황제는 황궁에 살아야 하니까. 요란하고도 오랜 공사에 시달린 옆집 주민(농심그룹 회장)이 공사 중지 가처분 신청을 내기도 했지만, 값을 후하게 쳐

주어 아예 그 집까지 사 버렸다.

집만 덩그러니 큰 게 아니다. 집으로 출퇴근하며 수발을 드는 삼성 계열사 직원들의 수도 엄청나다. 집에서 그룹 임원들을 초청해 연회를 베풀기도 하는데, 밥 먹는 자리에 세계적인 성악가를 데려와 공연을 시키고, '수백 명이 먹는 음식 덮개가 동시에 열리는 장관'도 보여 준다고 한다. 회장 가족은 손자까지 모두 헤드테이블에 앉고 사장단과 임원들은 모두 아래 좌석에 앉는 모습은 영락없는 황제와 신하의 모습이다.

재벌 최고의 자리가 세습된다는 측면에서도 황제의 면모를 유감없이 발휘한다. 이병철에서 시작해 이건희를 거쳐 이재용까지 할아버지, 아버지, 아들이 3대에 걸쳐 부와 부를 바탕으로 한 권력을 세습하고 있다. 신하들의 관직은 세습이 없지만, 왕의 자리를 세습하는 봉건 시대의 그것과 너무 닮아 있다. 수학자, 경찰관, 교사는 세습이 없지만 재벌 회장 자리는 세습을 한다. 태어날 때부터 경영을 잘 할 수 있는 유전자라도 타고난 것처럼.

삼성그룹에 입사한 똑똑한 젊은이들은 회장의 어록을 달달 외운다. 애사심을 키우기 위해 합동 수련회에 참가해 매스게임을 연습하고, 이름을 그냥 부르기도 송구해서 '에이^A'라 부르는 이건희와 '에이 다시 $^{A'}$'로 부르는 이건희의 부인 홍라희 앞에서 일사불란한 매스게임을 공연한다. 회장 일가가 움직일 때, 직원들은 고개를 쳐들지도 못한다. 90도로 고개를 숙이고 있어야 한다. 오기 한참 전부터, 가고 난 한참 후까지. 누가 보아도 한심하고 비상식적인 모습이다.

회장 일가가 움직이면 최소한 100명 규모의 삼성 임직원들이 따라다닌다고 한다. 미리 회장이 묵을 호텔방을 찾아가 방안의 모든 가전제품을 삼성 것으로 바꾸고, 회장의 취향에 따른 갖가지 준비도 해 놓는다. 이런 이건희 일가의 행태를 두고 언론에서는 '황제 경영'이라고 부른다. '황제'는 맞을지 모르지만, '경영'과는 무관한 엽기적인 행태들일 뿐이다.

삼성 구조본(현 전략기획실) 법무팀장 출신의 김용철 변호사가 폭로한 삼성 비자금과 뇌물 공여의 진상은 가히 놀랍다. 유력한 검사들에게 명절마다 갖다 주는 뇌물이 500만 원 정도이고, 국세청이나 공정위에는 '0'이 하나 더 붙는 어마어마한 액수의 뇌물을 정기적으로 준다고 한다.

이건희가 이렇게 돈을 물 쓰듯 하는 것은 에버랜드 전환 사채 사건에서 보듯이 기업의 부를 마치 제 것인 양 마구잡이로 가져다 쓰는 불법 행위에서 비롯된 것이다. 삼성의 부는 누가 뭐래도 삼성 노동자들이 피땀 흘려 이룩한 것이다. 물론 삼성의 제품을 사 준 국민들과 해외 소비자들의 호응이 그런 성과를 가져왔다.

그런데 삼성의 노동자들은 헌법이 보장하는 기본권인 노동조합을 결성하고 가입할 권리마저 누리지 못하고 있다. 삼성식의 무노조 왕국 논리 때문이다. 마치 '황제가 있는 곳에 노조는 없다. 오로지 황제의 은전만이 있을 뿐이다'라고 여기는 것 같다.

노조는 노동자들의 기본권을 지키기 위한, 법이 허용하는 최소한의 안전장치이다. 자본의 막강한 힘에 대항해 최소한의 범위일지라도 자신의 생존권을 지키고 안전하게 일할 권리, 일한 만큼의 임금을 받을 권리, 같은 일을 하면 같은 임금을 받을 권리, 적당히 쉴 수 있는 권리, 함부로 잘리지 않고 일할 수 있는 권리 등을 보장받기 위해서 노조의 역할은 필수적이다. 삼성이 세계적 브랜드로 성장했고 세계 경영을 한다지만 '무노조 왕국'은 세계적으로 유례가 없는 것이다. 회사에 노조가 없다면 지극히 비정상적인 상태이고, 따라서 부끄러울 만도 한데 삼성은 오히려 그것이 전통이라며 자랑하기까지 한다. 한마디로 염치도 없다.

노조를 만들려는 노동자들에 대한 노조 파괴 공작도 어마어마하다. 돈으로 매수하는 것은 가장 기본적인 일이고, 말을 듣지 않으면 휴대폰 위치 추적을 하거나 폭력을 쓰기도 한다. 가족을 대신 협박하기도 하고, 삼성 일반노조 김성환 위원장의 경우처럼 직접 법률적 대응을 하기도 한다. 법조인들에게 일상적으로 뇌물을 주는 삼성의 입장에서 노조 활동을 하는 노동자 한 명쯤 손봐 달라는 것은 '기업하기 좋은 나라'를 위해서는 물론이고, '황제의 심기'를 위해서도 쉬운 일이다.

대한민국이란 공화국 안에 버젓이 존재하는 또 하나의 왕국이 바로 삼성이다. 그렇다면 삼성은 국가를 참칭僭稱하는 반국가 단체이다. 그리고 이건희는 반국가 단체의 수괴이다.

배려도 염치도 없는 전철 안 풍경

전철을 타고 낯선 곳에 갈 때는 몇 번이나 사람들을 붙잡고 길을 물어야 한다. 지하철역 안에는 어디로 가라는 친절한 안내문이 부족한 탓이다. 상업적 광고물은 잔뜩 붙어 있지만, 막상 길을 찾는 사람들을 위한 안내는 부실하기만 하다. 출구 안내나 인근 지역 표시 등 길 안내는 전철 구내를 장악한 상점, 상업 광고물에 의해 뒷전으로 밀려나 있다. 더 많은 사람에게 필요한 공익이 몇 푼의 상업적 이익에 의해 밀려난 것이다.

안내하는 사람도 없다. 인력 배치 구조는 전철 역무원들에게 간단한 길 안내를 부탁하는 것조차 막고 있다. 표를 파는 최소한의 인력만 배치되어 있을 뿐이다. 전철에서 소비자와 생산자(서비스 제공자)의 인격적 만남은 차단되어 있다. 전철에는 낯선 곳을 찾는 사람들에 대한 배려가 없다.

승강장으로 내려가는 길에도 온통 광고뿐이다. 편하게 시선을 둘 데가 마땅치 않다. 눈이 피로하다. 사지도 않을 물건들이 내 시선을 잡아 챈다. 애써 시선을 돌릴 수도 없을 만큼 시선을 끌 만한 장소마다 어김 없이 광고가 붙어 있다. 돈 내고 전철을 이용하는 내가 왜 저런 광고의 표적이 되어야 하는지 모르겠다. 그냥 푸른 산이나 나무, 강과 바다, 꽃 같은 사진이나 그림을 보면서 다닐 수는 없는 걸까.

계단을 걷든 에스컬레이터를 타든 사람들은 다 바쁘다. 저절로 움직 이는 에스컬레이터에서도 결코 그냥 서 있지 않는다. 왼쪽 줄을 비워놓 고 바쁜 사람들은 그리로 다닌다. 이게 지혜로운 선택인지도 모르겠다. 그렇지만 바삐 걷다가 에스컬레이터가 갑자기 멈추기라도 하면 다칠 텐데……. 계단을 오르내리는 사람들도 빠르기는 마찬가지다. 두 칸씩 오르내리는 사람들이 많다. 뭐가 그렇게 바쁜지.

최근에 와서 '에스컬레이터 두 줄로 서기' 캠페인을 하고 있다. 오른쪽 으로만 서 있으면 무게 중심이 한쪽으로 치우쳐 사고의 위험이 있기 때문 이란다. 바쁜 사람들을 위해 한쪽 줄을 비워 주는 양보심을 가지라고, 그 리하여 높은 시민 의식을 고양시키자고 불과 얼마 전까지만 해도 채근하 더니, 이제는 두 줄로 서서 타라고 한다. 애당초 에스컬레이터의 구조와 안전하게 타는 방법을 몰랐던 것인지도 의심스럽고, 시민들을 실험용 쥐 로 아는지 걸핏하면 말을 바꿔 이래라저래라 하는 발상에도 짜증이 난다.

한편, 전철을 타러 갈 때도 주의를 기울여야 한다. 이쪽인지 저쪽인 지를 알려 주는 안내판보다 언제나 광고가 더 크고 더 잘 보이기 때문이 다. 매일 다녀 익숙해진 길이라면 별 무리가 없겠지만, 자칫 주의를 기울이지 않으면 반대 방향으로 가는 전철을 탈 수도 있다.

전동차 출입문이 열리기도 전에 전철에 탈 사람들이 문 쪽으로 다가간다. 양쪽으로 비켜서 사람들이 다 내린 다음에 타는 게 서로간의 원활한 승하차를 위한 상식인데, 그렇게 하면 빈자리를 놓친다는 생각에 사람들이 내리지도 않았는데 빈틈을 파고든다. '전철 빈자리에 빨리 앉기 대회' 신기록에 도전하는 사람들처럼 날쌔기만 하다.

전동차 안에서 자기 방인 양 휴대전화를 하는 사람들도 많다. 시끄럽게 떠들면서도 미안해 하지 않는다. 급한 용무도 아니라, 남들 듣기에 민망할 법한 시시콜콜한 수다를 떠는데도 목소리는 우렁차다. 한 손에 휴대전화를 들고 다른 한 손은 입을 가리며 미안한 표정으로 조용히 통화하는 사람은 별로 없다. 무척 떠든다. 혼자 가는 사람은 전화기를 붙잡고 떠들고, 여럿이 가는 사람들은 일행과 떠든다. 아이들이 장난을 치고 떠들어도 부모는 좀처럼 말리지 않는다. 이래저래 전철 안은 너무나 시끄럽다.

다리를 쩍 벌리고 앉는 이른바 '쩍벌남'들도 골칫거리다. 덩치가 크지 않은 사람도, 주어진 자리가 충분해 보이는 사람도 그렇게 앉는다. 옆 사람이나, 쩍 벌린 다리 사이를 민망하게 쳐다봐야 하는 사람들은 전혀 신경 쓰지 않는다. 쩍벌남은 애나 어른이나 다르지 않다.

다리를 꼬고 앉는 사람들, 만원 전철 안에서 자기가 신은 신발이 다른 사람들의 옷에 닿거나 말거나 아랑곳하지 않는다. 단순히 다리를 꼬는 사람은 그래도 발이 아래쪽을 향하고 있지만, 심지어 양반다리로 앉는 사람도 있다. 더 심한 사람은 아예 의자에 누워 있는 사람들이다. 대개는 술 취한 사람들인데, 정말이지 이런 사람들은 택시를 타든지 술을 정도껏 마시든지 해야 하는 것 아닌가 싶다. 누워 지는 깃 말고노 술 취한 사람들의 전철 안 행태는 꼴불견의 백태를 보여 준다.

애정 표현이 심한 연인도 자주 볼 수 있다. '찐한' 스킨십은 아무도 없는 곳이나 모텔에서 할 것이지, 왜 전철 안에서 사랑을 나누는지 모르겠다. 그야말로 보란 듯이 한다.

이어폰을 끼고 크게 음악을 듣는 사람들도 거슬린다. 옆에서 보기에 청력이 마비되지 않을까 싶을 정도다. 이어폰은 자기만 조용히 들으라고 만들어진 것인데, 남들에게 다 들릴 정도로 음악을 크게 틀고 귀에 꽂는 심보를 나는 모르겠다. 공공장소에서 자기가 좋아하는 음악을 들을 권리가 있다면, 주변 사람들은 그 음악을 듣고 싶지 않을 권리가 있건만 전혀 배려하지 않는다. 음악 소리를 좀 줄여 달라고 하면, "나 혼자 듣고 있는데 당신이 무슨 상관이냐"며 도리어 신경질을 부리기도 한다.

그 밖에도 애완견을 데리고 타는 사람, 전철에서 화장을 하는 사람, 아무 데나 침을 뱉는 사람, 이어폰도 없이 소리를 크게 틀고 DMB를 보는 사람, 음료수를 마시거나 아예 식사를 하는 사람도 있다.

왜 이렇게들 배려가 없을까. 혼자 타는 자가용이라면, 큰 목소리로 떠들든 밥을 먹든 담배를 피우거나 침을 뱉든지 다른 사람에게 피해를 주지 않으니 제 멋대로 할 일이다. 하지만 여럿이 함께 사용하는 공간을 자기만의 장소처럼 생각하는 사람들은 정말 이해할 수가 없다. 한국의 전철 안 풍경은 배려도 염치도 없는 것투성이다.

실례한다면서도 묻는 나이

"저, 실례지만, 올해 나이가?"

새로운 사람과 만나면 실례한다면서도 꼭 나이를 묻는다. 나이, 학벌, 사는 곳 등 사람의 주변 것들이 그가 누군지를 말해 주는 사회에서 그가 누구인지를 알기 위해서 꼭 필요한 정보는 바로 그가 언제 태어났는지, 곧 몇 살인지다.

대학을 다녔던 사람들은 직접적으로 나이를 묻는 것이 겸연쩍은지 학번을 묻는다. 대학 입학년도를 뜻하는 학번은 군 입대 등으로 인해 단순히 학년만으로는 서열을 가릴 수 없어서 유행하기 시작했다. 군에 다녀온 복학생이 비록 2학년이어도 4학년 여학생보다 선배인 경우가 있으니, 그저 학년만으로는 구별이 어렵다는 뜻이다. 그런데 이 학번 따지는 것이 대학 캠퍼스를 넘어 사회로 나와서 범사회적인 유행이 되었다. 이유행을 퍼트린 것은 이른바 '대학물 먹은' 사람들이다. 대학 근처에 가

보지 않은 사람들도 지겹도록 이 질문을 받아야 했다. "몇 학번이세요?"

심지어 민주화 운동을 했다는 대학생 출신들도 386세대니 하며 자기 학번을 자기 정체성의 근거로 삼고 있기도 하다. 노무현 정부와 함께 386세대가 욕을 많이 먹었다고 하던데, 자기 정체성을 태어난 해, 나이, 학번으로 매길 정도로 인권 의식도 자존감도 없는 사람들이라면 욕 먹어도 싼 것이 아닌가 싶다.

뜻이 달라서든, 공부를 하지 않았든, 돈이 없어서든 대학과 관련 없이 사는 사람들이 적지 않다. 이른바 386세대의 대학 진학률은 36퍼센트(1985년의 경우)밖에 되지 않았다. 같은 또래 젊은이의 3분의 1만이 대학에 진학했는데도 아무에게나 학번을 묻는 것은 아무 생각 없는 짓이거나, 매우 무례하고 고약한 짓이다.

외국에서는 본인이 밝히지 않는 개인 정보를 묻는 것은 큰 실례가 된다. 결혼을 했는지, 자녀가 있는지, 또는 몇 살인지 따위의 개인 정보는 아예 묻는 사람도 없다. 이를테면 '형사 정보'라고나 할까. 잘못이 있어서 경찰서에 잡혀간 사람이나 받는 질문이지, 정상적인 관계에서는 알 필요도 없는 정보이다. 이러한 태도는 개인의 프라이버시를 존중하자는 뜻과 더불어서, 알게 된 개인 정보를 통해 그 사람을 일반화해서 일방적으로 판단하는 잘못을 저지르지 말자는 뜻도 들어 있다.

한국에서 사람과 사람 사이에서 상대방의 나이를 알게 되면, 일단 안도감이 든다. 한국 특유의 존댓말 문화도 이를 거든다. 나이가 적은 사람에게 '김철수 씨' 또는 '철수 씨'라고 부르면 친근감의 표현이 될 수 있지만, 나이 많은 사람에게는 이 같은 호칭이 버릇없는 것이 된다.

술자리에서 저지른 폭행 때문에 파출소나 지구대를 거쳐 경찰서까지 오는 사람들이 있다. 대개는 매일 밤 되풀이되는 가벼운 폭행 사건들이다. 아는 사이에 싸우기도 하지만, 서로 모르는 사이인데 술자리 옆에 앉았다가 다투는 경우들이 많다. 처음에는 술기운에 합석하자며 잘 어울리다가도 뭔가 틀어지게 되면, 그때 문제가 되는 것이 바로 나이다.

"나이도 어린놈이 반말을 했다"는 것은 형사법으로 처벌할 수 있는 범죄는 아니지만, '국민정서법'으로 따지자면 매우 중요한 범죄가 된다. 경찰서에서 만난 폭행 사건 피의자들의 말은 한결같다. 다른 건 다 참겠는데, 나이 어린놈이 반말하는 건 도저히 못 참겠단다.

물론 다른 건 다 참겠다는 것도 전형적인 뻥이다. 어떻게 다른 걸 다 참을 수 있을까만은 나이 어린 사람에게 반말을 듣는 것은 그만큼 못 참겠다는 거다.

나이를 확인하면 상대방과 관계를 설정하는 데 결정적인 도움이 된다. 나이를 통해 선후배가 정해지면, 선배 되는 쪽은 상대방을 편하게 대할 수 있는 권한을 보장받아서 좋고, 후배 되는 쪽도 아예 상대방과의 관계를 접고 들어가기 때문에 편해진다고 한다.

나이를 묻는 사람들 앞에서 나는 언제나 당황스럽다. 저 사람이 내 나이를 안다고 해서 달라질 것도 없는데, 왜 그렇게 궁금해 할까. 정 궁금하면 적당히 얼굴 보고 판단하면 되지 않을까. 그렇지만 나이가 무슨 비밀도 아니고, 까먹었다고 둘러댈 만한 것도 못 되기 때문에, 오로지 상대방과 어색해지지 않기 위해서 나이를 말한다.

초면인데도, 아니 초면이기에 사람들은 오히려 나이를 묻는다. 나이를 묻고, 심지어 상대방에 대한 배려도 없이 대학 문화의 연장인 학번까지 서슴없이 묻는 나라는 세계에서 한국밖에 없다.

행운의 편지

한번쯤 '행운의 편지'를 받아 보지 않은 사람도 있을까. 대개는 편지가 전하는 내용의 신뢰를 높이기 위해 각종 유명한 사람(직접 확인할 수도 없는 외국인들이 주로 등장한다)의 일화를 한두 개쯤 소개한다. 그러고는 똑같은 내용의 편지를 몇 통씩 다른 사람에게 보내면 행운이 따르지만, 시키는 대로 하지 않으면 불행이 따른다고 협박한다.

편지便紙를 종이에만 쓸 수 있었던 시절에는, 행운의 편지에서 말하는 내용대로 행운을 얻자면 상당한 정도의 정성을 기울여야 했다. 복사기도 흔하지 않던 시절, 겨우 몇 장의 편지를 인쇄할 수도 없고, 그럴 돈도 없던 시절에는 오로지 시키는 대로, 편지에 적힌 만큼의 장수를 그대로 채워야 했다.

이메일이나 휴대전화 문자가 손으로 쓰는 편지를 대체하는 시절이 되니, 행운의 편지를 받고 보내는 일도 너무 간편한 일이 되었다. 간단한 클릭 몇 번만으로 원하는 만큼의 복제가 가능하고, 편지를 보내는 일도 수고스러운 게 아니다. 그러한 편리성 때문인지 예전의 행운의 편지가 다시 유행하고 있다. 그렇지만 행운을 바라는 일도 얼마큼의 정성을 필요로 하는지, 요즘 행운의 편지는 스팸 메일 취급을 받아 휴지통으로 직행하는 경우가 많다.

그런데 얼마 전 재미있는 행운의 편지를 알게 되었다. 형식은 그동안의 행운의 편지와 다르지 않았는데, 내용이 색달랐다. 이랜드 불매 운동에 참여해 달라는 것이었다.

받은 편지를 포함해서 9통의 편지를 4일 이내에 보내면 이랜드 매출이 급격히 줄어들게 되지만, 4일 안에 편지를 보내지 않으면 이랜드 노조원이 구속되고, 회사 측의 모르쇠는 계속된다는 거다. 미국의 부시 대통령도 이랜드 불매 운동을 촉구하는 행운의 편지를 받았는데, 한국어를 몰라서 쓰레기통에 버렸더니 뒤로 넘어졌는데도 코가 깨지는 불행이 닥쳤다고 한다. 홈에버, 뉴코아아울렛, 킴스클럽, 아울렛 2001의 매출액이 0원이 되기를 기원하면서 행운의 편지를 보내면 '이랜드 불매의 행운'이 있을 거란다.

이렇게 해서라도 이랜드-뉴코아에서 쫓겨난 여성 노동자들이 원래 일하던 자리로 돌아갈 수 있다면 좋겠다는 애틋한 마음이 담겨 있어서 여태껏 보았던 행운의 편지와 달리 눈길이 끌렸다.

예전처럼 똑같은 편지를 몇 장씩 베껴 쓰는 정성이 들어 있지는 않아도, 편지 주고받기를 통해 행운을 바라는 마음은 탓하기 어렵다. 이랜드 불매 운동을 호소하는 편지처럼 가끔은 바쁜 일상에도 주변 사람들을 돌아볼 기회도 가질 수 있기 때문이기도 하지만, 무엇보다도 불확실한 사회에서 막연하나마 행운을 바라는 그 마음을 탓할 수 없기 때문이다.

행운의 편지와 비슷한 유행은 또 있다. 언젠가 음료수 캔 뚜껑의 고리를 1만 개 모으면 휠체어를 준다는 소문이 있었다. 장애인을 돕겠다는 마음으로 자기가 먹던 음료수 캔 뚜껑의 고리는 물론이고, 쓰레기통을 뒤져가며 캔 고리를 모았던 사람들도 적지 않았다. 실제로 1만 개를 모으는 것도 쉽지 않은 일이지만, 캔 고리를 모으는 사람들이 공통적으로 부딪히는 장벽이 있었다. 막상 1만 개를 모은다 한들 휠체어로 바꿔 주는 곳을 아는 사람이 아무도 없다는 것이다. 그도 그럴 것이 캔 고리를 휠체어로 바꿔 주는 기관이나 단체가 어디에도 없기 때문이다.

군이 음료수가 먹고 싶지 않은데도 휠체어와 바꿀 캔 고리를 모으기 위해 음료수를 사는 사람을 본 적도 있다. 그럴 정성과 노력이면 차라리 용돈을 조금만 아끼면 얼마든지 원하는 일을 할 텐데 하는 아쉬움이 남았다.

그런데 웬일인가, '캔 고리 파동'은 어느 정도 수그러들었는데, 요즘엔 새로운 버전이 나왔다. 담뱃갑의 은박지를 1만 장 모으면 휠체어 한 대와 바꿔 준다는 거다. 언젠가 이 책에 담길 내용을 의논하러 삼인출판사에 들렀을 때였다. 출판사 식구들이 정성스럽게 담뱃갑의 은박지를 챙기는 게 아닌가. 왜냐고 물었더니 휠체어로 바꾸기 위해서란다. 벌써 수백 장을 모았단다. KT&G에서 바꿔 주냐고 물으니 그건 모른단다. 어디에 갖다 줘야 휠체어를 주는지도 모르면서 모으고 있었다. 역시 모르는 게 당연하다. 은박지를 갖다 줘도 휠체어와 바꿔 주는 곳은 어디에도 없기 때문이다.

담뱃값 은박지 1만 장을 모으려면 보통 시세로 쳐서 2,500만 원어치의 담배를 사서 피워야 한다. 담배 만 갑을 피웠다 하여 '만갑이 형님'으로 놀림을 당했던 조형기처럼 되어야 할 판이다. 1만 장을 모으기가 쉬운 게 아닌 게, 하루 한 갑씩 피우는 사람이라면 27년 이상을 한 갑도 빠트리지 않고 모아야 한다는 셈이 나온다. 하루에 2,500원씩 27년 이상을 모을 때 쌓이는 돈도 엄청나지만, 몸은 몸대로 망가져 가고, 한 장씩 모으기 위해 신경 써야 할 것 등을 생각하면 이렇게 미련한 짓이 또 있을까 싶기도 하다.

수동 휠체어의 경우 80퍼센트의 정부 보조를 받으면 4만 원쯤이면 한 대를 구할 수 있다. 휠체어 한 대 기증하겠다는 일념으로 (이자 빼고) 2,500만 원어치나 되는 담배를 피울 이유가 없다.

생각해 보면 이 역시 마냥 탓할 수만은 없는 일이다. 작은 알루미늄 고리이고 은박지지만 이 작은 것을 모아서 누군가에게 도움이 된다면, 작은 실천으로도 불편을 겪는 이웃과 함께 무언가를 나눌 수 있다면 귀찮은 일도 얼마든지 할 수 있다는 그 '착한 마음'이 바탕에 있기 때문이다. 다만, 누군가가 이 착한 사람들의 마음을 그냥 장난거리로 이용만 하지 않는다면 말이다.

지도 밖으로 행군하라

오랫동안 한국에서 살았던 외국인들의 말을 빌리면, 불과 삼사 십 년 전의 한국은 지금과는 전혀 다른 나라이다. 한국은 세계에서 가장 가난한 나라였다. 전쟁 직후엔 말할 것도 없었다. 전쟁이 할퀴고 간 상처가 얼마나 극심했던지, 숭례문에서 흥인지문이 훤히 보일 정도였다고 한다. 흥인지문을 가릴 정도의 건물들은 모두 폭격으로 무너져 버린 것이다. 무너진 것은 건물만이 아니었다. 일본의 식민지 지배 시기의 수탈로 제대로 된 산업 기반이나 민주주의를 위한 최소한의 통로조차 확보하지 못한 상태였다. 거기다 전쟁의 참화까지 겹쳤으니, 한국은 세계 최빈국이요 서둘러 돕지 않으면 많은 사람들이 굶어 죽게 될 나라였던 것이 당연했다.

이 모든 역경과 고난을 딛고 일어서기까지는, 흔히 말하는 대로, 아시아에서 유일하게 산업화와 민주화에 성공한 나라라는 평가를 받게 되기까지는, 절대 빈곤에서 벗어나고 싶은 국민들의 처절한 투쟁이 있었다. 민주화 운동도 마찬가지다. 만족할 만큼의 정치 민주화와 사회 민주화, 그리고 경제 민주화를 이루지는 못했지만, 그래도 최소한 주목받을 만큼의 성취를 이룬 것은 분명하다. 민주화를 위해 싸우다 목숨을 잃은 많은 열사들, 그리고 목숨을 걸고 싸웠던 많은 투사들의 희생이 있었다.

그렇지만 우리만의 노력으로 이만큼의 산업화와 민주화가 가능했던 것은 아니다. 이름조차 생소한, 그렇다고 내세울 변변한 기술도 없는 나라에서 만든 물건을 사 준 다른 나라 사람들이 있었기 때문에 수출 주도형의 경제는 성장을 거듭할 수 있었다. 가발과 섬유 등 노동 집약적 산업부터 중공업, 지금의 반도체나 IT에 이르기까지 한국이 거둔 성공의 배경에는 '메이드 인 코리아'를 사 준 외국인들이 있었다.

민주화 운동도 그렇다. 광주에서 학살이 진행될 때, 독일 기자 위르겐 힌츠페터처럼 현장을 용감하게 기록한 외국인 기자들이 없었더라면 우리는 광주의 진실을 제대로 알 수도, 나중에 진상 규명과 책임자 처벌을 요구할 근거도 갖지 못했을 것이다. 김지하와 김대중이 옥에 갇혔을 때, 서승·서준식 형제와 김성만과 황대권이 간첩으로 조작되어 감옥에 갇혔을 때, 국제 앰네스티를 비롯한 외국의 인권 단체와 시민들이 보여 준 연대 활동은 참으로 눈부신 것이었다. 매일처럼 한국의 법무부에는 양심수 석방을 요구하는 외국 시민들의 편지와 엽서가 수백, 수천 통씩 배달되었다. 한국의 고아들을 입양하고, 교과서를 만들 종이조차 없는 나라에 학교를 세우고, 교과서를 만들 수 있도록 도와준 것도 모두 외국

Go! and Unite!

의 시민 단체와 기업, 정부였다.

산업화든 민주화든 결코 우리만 잘해서, 우리만 잘나서 가능했던 것은 아니었다. 그런 면에서 한국은 그동안의 성장과 정확히 비례하는 만큼의 빚을 지고 있다.

그러면 무역 11위의 경제 대국이 된 한국은 그 빚을 어떻게 생각하고 있을까. 조금씩이라도 갚기는 하는 것일까. 우선 한국은 OECD 국가 중에서 공공 개발 원조액을 가장 조금 내는 나라이다. 국민 총소득 대비 원조 비율은 OECD 평균의 4분의 1밖에 되지 않는다. 한국의 수많은 양심수들이 외국 시민들의 도움을 받아 모진 세월을 견딜 수 있었지만, 다른 독재 국가의 양심수를 돕는 한국의 시민은 전혀 없거나 최소한 거의 없다.

2007년 9월 버마에서 민주화 운동이 일어나자 시민과 스님들에 대한 무자비한 학살이 자행되었다. 한국에서는 117개나 되는 시민사회 단체가 참여해 버마 민주화를 지지하는 긴급 행동을 구성해, 민주화 지지 운동과 함께 모금 운동에 들어갔다. 그렇지만 긴급 행동이 모은 돈은 고작 4천만 원밖에 되지 않았다. 그나마 한 스님이 모아 온 3천 2백만 원을 합했기에 이 정도가 된 것이다.

한국은 외국 사람들에게 많은 도움을 받았지만, 남을 돕는 데는 너무도 인색하다. 한국인 유엔 사무총장을 자랑하지만, 유엔 사무총장을 배출한 나라다운 해외 원조나 세계적 무역 대국다운 국제적 책임은 전혀 이행하지 않고 있다. 한국의 국제 관계란 것이 기껏해야 미국의 뒤꽁무니나 쫓아다니며 이라크, 아프간 등에 군대나 보내는 정도이다.

먹고살자면 몸을 낮추고 덩치 큰 나라를 쫓는 것도 지혜일지는 모르지만, 그렇다고 국제 사회의 인권, 평화, 환경 문제에 대해, 그리고 가난한 나라의 생존 문제에 대해 이렇게까지 무관심한 나라는 세계 어디에도 없다.

우리는 1970~80년대에 일본 사람들을 '경제 동물'이라 부르며 욕했다. 돈만 아는, 사람도 아닌 것들이라고 아예 도덕적 파산 선고를 내렸던 것이다. 그렇지만, 오늘날 국제 사회는 일본을 그렇게 욕했던 한국 사람들이야말로 '경제 동물'이라고 손가락질하고 있다. 부끄러운 일이다.

한국도 이제는 경제 수준에 맞는 품격을 지녀야 한다. 가난한 나라, 인권이 보장되지 않는 나라를 위해 최소한의 역할은 해야 한다.

교도소의 왕자, 건달 징역

건달, 깡패, 양아치가 어떻게 다를까. 그게 그거 같아 보이지만, 자기네끼리는 엄연한 구분이 있단다. 하는 일은 모두 같지만, 지향해야 할 것은 건달이요 지양해야 할 것은 양아치라 한다. 양아치가 성공하면 깡패가 되고, 깡패가 성공하면 건달이 되는 식이다. 자기 정체성이 건달인 사람에게 깡패라거나 양아치라고 하면 욕이 되고, 양아치라 생각하는 사람에게 건달이라고 부르면 덕담이 된단다. 그러니까 건달, 깡패, 양아치는 그쪽 세계에서 일종의 위계인 셈이다.

하는 일이 똑같은 사람들을 비하할 이유도, 그렇다고 높여 부를 이유도 없으니 나는 그냥 싸잡아서 깡패라고 부르겠다. 깡패는 영어 단어 gang에서 나왔다. 깡패들은 워낙에 하는 일이 폭력을 쓰면서 행패를 부리고 못된 짓을 일삼는 것이니, 자주 형사처벌의 대상이 된다. 하여 도시의 어두운 뒷골목만이 아니라 교도소도 깡패들이 자주 머무는 곳이다.

교도소에 깡패들이 많이 들어오다 보니, 아예 '건달 징역'이란 말도 생겼다. '양아치 징역'이나 '깡패 징역'이 아니라 '건달 징역'이라 불리는 것 역시 재미있다. 아무리 봐도 용어 자체가 깡패들이 붙인 이름으로 보인다.

깡패 조직의 두목 김태촌. 영화배우 권상우를 협박해서 또 한번 화제에 올랐던 그는 교도소를 제집 드나들 듯하고 있다. 이 사람의 교도소 생활은 어떨까. 전해진 이야기 말고 확인된 것만 봐도 기가 막히다.

2002년 진주교도소에 갇혀 있던 김태촌은 14개월 동안 특별 접견(면회) 34회, 일반 접견 114회를 했다. 형이 확정되지 않은 미결수는 매일 한 번씩 면회를 할 수 있지만, 형이 확정된 기결수는 보통 일주일에 한 번 정도 면회를 할 수 있다. 김태촌은 기결수였다. 14개월 동안 김태촌이 148번이나 면회를 했다는 사실은 말하나마나 엄청난 특혜가 있었다는 얘기다.

교화상 필요하다고 생각하면 교도소장의 재량으로 특별 접견도 가능하기는 하지만, 김태촌처럼 조직 폭력과 관련 있는 재소자들에게는 엄격하게 제한하도록 되어 있다. 뿐만 아니라 담배를 피우고, 돈과 휴대전화도 갖고 있었다고 한다. 재소자에게 담배, 돈, 휴대전화는 모두 소지할 수 없는 금지 물품들이다. 이 모든 게 교도소 간부들에게 뇌물을 주고서 받은 특혜들이다. 유명한 깡패 두목이어서 그럴까. 아니면 잘 넘어갈 수 있었는데 워낙 세간의 주목을 받은 터라 재수 없게 걸린 것일까.

교도소 곳곳에는 '굴신屈身 인사 금지'라는 표어가 붙어 있다. 무슨 뜻일까. 깡패들이 교도소에서 자기들끼리 하는 90도 인사를 하지 말라는 것이다. 깡패들은 교도소에 들어오자마자 자기들끼리 '인사 땡기는 구조'를 만든다. 어느 지역 출신의 깡패이든 간에 단박에 서열이 정해지고, 그에 따라 형님과 아우 관계가 만들어진다. 들어오기 전에도 폭력으로 행패 부리는 것을 업으로 삼았던 사람들이라 그런지, 깡패들은 숫자가 적어도 금세 교도소를 장악하곤 한다.

깡패들이 장악한 교도소에서는 어김없이 건달 징역의 폐해가 나타나는데, 가장 기본적인 것은 깡패들이 누리는 각종 특권과 특혜다. 모두가 김태촌처럼 사는 것은 아니지만, 일반 재소자들보다 면회 시간이나 운동 시간을 좀더 가질 수 있는 것부터, 당연히 해야 하는 작업을 하지 않는 경우도 있다. 더운 물로 목욕하기, 독보獨步('혼자 걷기'를 뜻하는 교도소 용어인데, 교도소에선 엄청난 권한이다)하기 등 생활하는 데 필요한 자잘한 특혜를 받는다.

개중에 가장 큰 것은 생활 거실(감방)에서 누리는 특혜다. 여러 사람이 함께 생활하는 공간인 만큼 함께 청소도 하고 서로 최소한 예의는 지켜야 하지만, 깡패들은 청소 같은 일을 하지 않는 것은 물론이고 아예 다른 재소자들의 수고에 기생하여 살고 있다. 심지어 깡패마다 한두 명씩 시중드는 사람을 정해 놓고 각종 잡일을 시키기도 한다.

교도소에서는 방을 바꿔 달라거나 독거실(독방)로 옮겨 달라는 요청이 끊이지 않는데, 깡패들의 시달림 때문에 견딜 수 없다는 게 큰 이유다. 교도관들이 개입하여 잘못된 것을 고쳐야 하지만, 오히려 깡패들에게는 일반 재소자와 다른 대접을 해준다. 반말도 하지 않고, 칭호 번호(교도소에서는 이름 대신 수의에 적힌 번호로 사람을 부른다) 대신 이름을 불러준다든지 하는 인격적 대접들이다.

깡패가 지닌 현실적인 힘 때문이기도 하지만, 교도관들이 건달 징역의 폐해를 누구보다 잘 알면서도 깡패들과 유착을 계속하는 진짜 이유는 다른 데 있다. 깡패를 통해 일반 재소자들을 일종의 위임 관리하기 때문이다. 깡패들에게만 잘 해주면 일반 재소자의 관리가 쉬워진다는 이상한 지혜를 터득한 것이다.

실제로 교도소 학사 과정의 위탁 교육에 깡패들이 참여하는 경우가 많다. 깡패들은 수업 받기 싫으면 강사들에게 인상 한번 쓰고는 컴퓨터 게임을 하거나 잠을 자기도 한다. 깡패가 수업을 좌지우지하고 있는 것이다.

또한 스스로 학생 대표가 되어 각종 포상을 독식하기도 한다. 교도소에서 상을 받으면 가석방 심사 등에서 유리해지기 때문이다. 실제로 2005년 교도소 위탁 교육 기관의 학위 수여식에서 수상자 9명 중 6명이 조폭 사범이었고, 나머지 3명은 깡패는 아니었지만 이들의 추종자였다. 장학금 수여자 6명 중 4명은 깡패, 나머지 2명 역시 깡패 추종자였다.

교도소는 범죄를 지은 사람이 죗값을 치르는, 조금 건조하게 표현하면 국가가 수형자受刑者에게 국가형벌권을 집행하는 곳이다. 국가의 법 집행이 가장 완고한 형태로 나타나는 곳이 바로 교도소다. 그런데 밖에서 선량한 사람들에게 주먹질이나 협박을 일삼던 깡패들이 교도소에 들어와서도 다른 재소자들을 괴롭히는 일이 교정 당국의 묵인 아래 되풀이되고 있다. 오늘도 교도소에는 건달 징역들이 왕자처럼 살고 있다.

네온사인 십자가

한국에서 개신교는 이미 거대 산업이다. "마을에 집 한 채 들어서면 교회 하나 생긴다"는 시쳇말이 큰 과장만은 아닌 듯싶을 정도로 도시든 농촌이든 방방곳곳에 교회들이 빼곡히 들어서 있다. 이 많은 교회들이 매출 증대를 위해서는 더 높고, 더 화려하고, 더 잘 보이는 십자가를 세워야 한다. 그래서 한국의 밤거리는 늘 시뻘건 십자가 물결에 장악 당한다. 서울과 지방 도시가 다르지 않고, 도시와 농촌이 다르지 않다.

높은 십자가를 세우고, 멀리서도 볼 수 있도록 네온사인으로 밝혀 두는 목사들의 설명은 진지하다. 세상을 구원하는 표지를 높이 세우는 것은 신앙인의 도리라는 거다.

십자가 신앙을 믿는 사람들이 십자가를 높이 세우고 불을 밝히는 것은 어쩌면 그들의 자유다. 그렇지만 너무 많다. 기름 한 방울 나지 않는 나라에서 무슨 낭비인가 싶기도 하고, 그렇게 골목마다 높이 들어 올린 십자가가 과연 어떤 효과를 발휘할까도 궁금하다. 조금이라도 높은 곳에서 보는 도심의 야경은 온통 붉은 빛 십자가투성이다. 근데 왜 하필이면 밤거리를 가득 채운 십자가는 죄다 빨간색뿐일까. 빨갱이가 싫다고 시청 앞 광장에 몇 만 명씩 모여서 성조기를 휘두르며 빨갱이를 규탄하는 사람들이 신앙의 정수는 왜 꼭 빨간색으로 표현할까?

십자가 물결은 비단 밤거리를 환하게 밝히는 네온사인만이 아니다. 목걸이는 너무 흔하고, 아예 제 몸에 문신으로 새겨 놓은 사람도 있다.

종교학자 이찬수 교수는 십자가 목걸이를 한 학생들을 만날 때마다 묻는단다. 십자가의 의미를 알고 하는 거냐고.

십자가는 예수가 죽임을 당한 무자비한 형틀이었다. 구원의 상징이기도 하지만, 구원 이전에 피비린내 나는 고통, 아니 단지 비린내만 맡는 것이라면 참을 수도 있겠지만, 차라리 지금 당장 죽는 것이 행복하겠다는 생각이 들 정도의 참혹한 고통이다. 상상을 초월하는 고통, 그리고 참혹한 죽음의 상징이 바로 십자가이다. 십자가의 영광은 죽어도 죽지 않고, 영원한 생명을 누리는 기쁨과 희망을 뜻하지만, 그 기쁨과 희망은 결코 거저 얻어진 것이 아니다.

그런데 한국의 도심 야경의 조도를 높여 주는 데 혁혁한 공헌을 하는 교회의 십자가는 참혹한 고통은 애써 외면하고, 영광만을 드러내려 애쓰고 있다.

과정이 없는 결과, 죽음이 없는 부활은 공허하다. 내용이 없는 형식

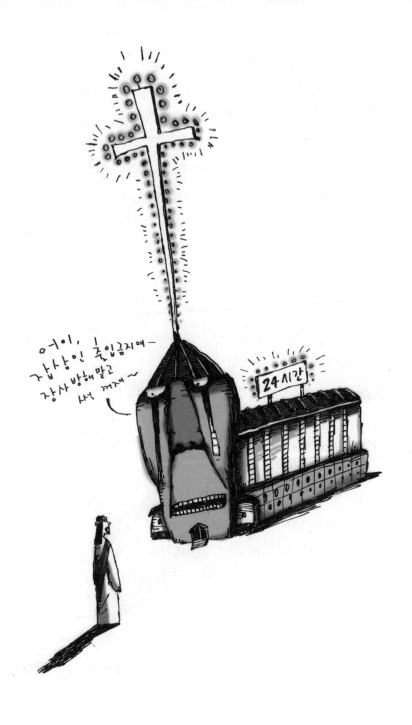

만 남으니, 다른 사람들에게는 그저 오만한 과시로 여겨질 뿐이다.

환경은 생각지도 않고, 무조건 크고 높게 네온사인 십자가를 밝혀 그리스도의 영광만을 높이 들어 세우는 것이 과연 예수를 따르려는 사람들이 할 일인가. 예수가 그랬던 것처럼 끝없이 가난한 사람, 억눌린 사람들을 편들고 그들을 향해 낮은 곳으로, 더 낮은 곳으로 순교조차 마다않는 길을 걸어야 하는 것 아닌가.

성장과 영광만 찬송하는 한국 개신교에는 구원도 없고, 그들이 애써 강변하는 희망도 없고, 더구나 심각하게는 예수도 없다.

교회 신문마다 교회를 사고파는 광고가 넘쳐 난다. 물 좋은 곳에 많은 성도들을 확보해 놓았으니, 적당한 값을 쳐달라는 광고들이다. 교회가 건물이고, 구매력 있는 신자들의 숫자라고만 생각하는 사람들이 부끄러운 줄도 모르고 버젓이 광고를 한다. 교회는 공동체라고 예수와 베드로, 바오로가 거듭 강조한 것과 영 딴판으로 가고 있다. 신학을 공부한 사람들이 그런 기본도 모를 리 없으니, 안타까움을 넘어 가증스럽기까지 하다.

위선자들에게 '독사 새끼들'이라고 쌍욕을 해 대기도 했고, 성전에서 장사꾼들을 쫓아내며 "성서에 '내 집은 만민이 기도하는 집이라 하리라'고 기록되어 있지 않느냐? 그런데 너희는 이 집을 '강도의 소굴'로 만들어 버렸구나!"라고 호통 치는 예수는, 정호승의 시 〈서울의 예수〉에서처럼 교회를 나와 "겨울비에 젖으며 서대문 구치소 담벼락에 기대어 울고 있다." 인간이 아름다워지는 것을 보기 위해.

예수천국, 불신지옥

"예수 천국, 불신 지옥"

예수를 믿으면 천국에 가서 영원한 복락福樂을 누리지만, 예수를 믿지 않으면 지옥地獄에 떨어져 끝없는 고통을 받게 될 것이란 뜻이다. 한국 개신교(물론 일부겠지만)는 예수가 선포한 복음을 간단하게 이 여덟 자 구호로 바꾸어 놓았다.

오늘도 거리 곳곳에는 '예수천국 불신지옥' 깃발을 든 사람들이 부지 런히 선교를 하고 있다. 어디 깃발뿐인가, 커다란 메가폰으로 큰 소리를 쳐대고, 어떤 이들은 지폐에까지 자신들의 구호를 새겨 놓고 있다. '주 예수님을 믿으라, 그러면 너와 네 집이 구원을 얻으리라. 아멘.' 이건 그나마 좀 낫다. 대개는 '예수님 믿으면 천국, 불신자는 지옥, 아멘'이 라거나, 그냥 '예수천국 불신지옥'이라고만 써 놓는다. 자신의 글씨로 써 놓는 것은 그나마 정성이라도 사 줄 수 있을지 모르지만, 고무인으로 찍어 대는 사람들은 정말 어찌해야 좋을지 모르겠다.

무슬림들은 선교를 금기시하고 있다. 기독교를 선교하는 것은 물론, 이슬람을 선교하는 것도 마찬가지다. 종교의 선택은 내면의 자유로운 선택이어야 하지, 누군가의 강요에 따른다면 거짓이 된다는 것이다. 무슬림들의 태도에 견줘 한국 개신교가 보여 주는 선교 활동은 지나치게 공세적이다. 도대체 저렇게 기분 나쁜 협박을 받고서 교회에 따라가는 사람이 있을까 싶다.

믿으면 천국에, 그렇지 않으면 지옥에 보낸다면 그들이 믿는 신도 참 옹졸하기 짝이 없다. 그뿐인가. 김홍도 목사의 주장에 따르면 예수 믿고 십일조 잘 내면 어떤 화禍도 피할 수 있지만, 그렇지 않으면 2004년 연말에 지진 해일로 수십만 명이 죽어 간 이교도 꼴이 될 수밖에 없다는 거다. 유치하고 파렴치한 공갈이다. 그런데도 그는 전 세계에서 네 번째로 큰 교회의 출석 교인 12만 명을 이끄는 이른바 '영적 지도자'이다.

자신이 신봉하는 종교를 다른 사람에게 전파하고 싶은 것은 인지상정이다. 예수의 제자들은 예수가 떠난 다음, 그가 전한 기쁜 소식에 몸을 떨며 목숨을 바쳐서라도 그 소식을 알리고 싶어 했다. 온갖 신화적 요소까지 동원해서라도 사람들에게 예수를 알리고 싶어 했다. 이처럼 진심으로 기쁜 사람, 진정으로 깨달은 사람은 세상에 외치고 싶은, 그래서 그 기쁜 소식을 함께 나누고 싶은 욕구를 가지게 된다. 여기까지는 자연스러운 일이다. 헌법상 종교의 자유도 이런 욕구를 가진 사람들의 활동을 보장하자는 취지를 담고 있다. 그렇지만 금도는 있어야 한다.

종교의 자유에서 선교의 자유는 중요한 항목이지만, 선교를 강요받지 않을 권리 또한 존중되어야 한다. 집집마다 돌아다니며, 설문조사를 핑계로 문을 두드리고는 예의 '예수천국 불신지옥'의 여덟 자 구호만을 공허한 메아리로 남겨 놓고 가거나, 지하철에서 얼굴을 들이밀며 여덟 자 구호를 반복하는 것은 한국에서만 볼 수 있는 풍경이다.

나도 예수에 기대어서 살고 있지만, 지하철에서 갑자기 얼굴을 들이대며 "예수 믿으세요"라고 하는 사람들에게 어떻게 답해야 할지 모르겠다. 이때 "예수 믿으세요"는 질문이기도 하지만, 동시에 명령이기도 하다. 말을 섞고 싶지 않아서 "아니오"라고 말하면 기다렸다는 듯이 "예수 믿어야 합니다. 그래야 구원받을 수 있습니다. 그렇지 않으면 지옥불에 떨어집니다"는 말이 거침없이 쏟아진다.

그런데 '예수천국 불신지옥' 파들은 하나만 알고 둘은 모르는 것 같다. 믿지 않으면 지옥에 간다고 협박하면 움찔할 것 같지만, 한국 사람들에게 이런 협박은 더 이상 통하지 않는다는 것을. 찜질방이 성업 중인 한국에서 매일처럼 불가마에서 몸을 지지고 사는 사람들에게 지옥불이 무섭다는 협박이 더 이상 통할 리 없다.

'예수천국 불신지옥' 파들도 이제는 구태를 벗어던지고 상식을 지닌 평범한 사람들과 함께 갔으면 좋겠다. 단군상 목 자르고, 불상에 뻘건 십자가 칠하는 따위의 유치하면서도 상대방에게 심한 상처를 주는 짓일랑 그만 두고, 다른 사람과 다른 사람의 생각도 인정하면서 함께 살아갔으면 좋겠다.

2007년, 무슬림 지역에 대한 무차별적 선교가 원인이 되어 아프가니스탄 납치 사건이 생겼다. 이런 심각한 사태를 겪었음에도 교훈을 얻지 못한다면, 그들은 불행하다.

예수는 말했다. '너희는 구름이 서쪽에서 이는 것을 보면 곧 '비가 오겠다' 고 말한다. 과연 그렇다. 또 바람이 남쪽에서 불어오면 '날씨가 몹시 덥겠다' 고 말한다. 과연 그렇다. 이 위선자들아, 너희는 하늘과 땅의 징조는 알면서도 이 시대의 뜻은 왜 알지 못하느냐?"(루가, 12 : 54~56)

법무법인의 블루오션

어느 날 당신에게 다음과 같은 공문 형식의 편지가 온다.

1. 당 법무법인은 저작권자인 ○○○로부터 저작권자가 저작권을 보유하고 있는 도서물 등의 저작권법 위반 행위에 대한 일체의 단속권을 위임받았습니다.

2. 당 법무법인은 귀하가 도서물 등을 무단 복제하는 등 컴퓨터프로그램보호법 및 저작권법 위반 행위를 한 사실을 확인하였기에 이 사실을 귀하에게 알려 드리는 바입니다.

3. 귀하의 행위는 저작권법 제97조의 5, 제18조의 2에 해당하는 것으로서 5년 이하의 징역 또는 5천만 원 이하의 벌금에 처할 수 있으며, 징역과 벌금을 병과할 수도 있습니다.

4. 따라서 귀하는 고소 대상으로서 당 법무법인은 법적 절차를 준비하고 있는 바, 귀하께서는 사전에 당 법무법인에 연락 주시면 해결 방안을 모색할 수 있습니다. 또한 이 공지는 10일의 최고 기간을 가질 것입니다.

연락처 : 02-123-4567

이런 편지를 받고도 법무법인에 전화를 해서 '해결 방안을 모색'하지 않으면 곧이어 경찰서에서 출석 요구서가 날라 온다. 당신이 저작권법 위반 혐의로 고소되었으니, 경찰서에 와서 조사를 받으란 거다.

생전 경찰서 근처에도 안 가본 사람이, 특히 어린 청소년들이 출석 요구서를 받으면 그 자체로 쇼크다. 오금이 저려온다. 고민을 거듭하고 끙끙 앓아도 자신이 해결할 문제는 아닌 것 같다. 부모에게 말하면 혼날게 뻔하고, 마땅히 고민을 털어놓을 사람도 없다. 매우 안타깝게도, 지방의 한 고등학교 1학년 학생은 고민 끝에 자살을 택했다.

서울 시내 경찰서에는 저작권법 위반으로 법무법인이 고소해 오는 사건이 한 달에만도 2~3천 건씩 된다고 한다. 경찰 입장에서 볼 때도 뻔한 사건이지만, 최소한의 조사도 없이 고소 사건을 그냥 묻어둘 수는 없다. 묻어 두는 것이 직무 유기가 되고 그 자체로 처벌을 받을 수 있기 때문이다. 그래서 자동적으로 출석 요구서를 보낸다.

법을 아는 똑똑한 사람들, 변호사들의 회사가 최근 블루오션이라고 개척한 새로운 수익 창출 모델이 바로 저작권법을 악용한 단속 행위와

이를 통한 협박, 그리고 적당한 액수의 합의다.

인터넷 공간에서 저작권법의 보호를 받는 저작물을 단순히 내려받는 것(자신의 미니홈피 등에 게시하는 것만이 아니라)만으로도 저작권법 위반에 해당한다. 법무법인은 시간당 4천 원씩을 주고 아르바이트 학생들을 시켜 아이피 추적을 통해 내려받기 한 사람들을 찾아낸다. 이른바 '단속팀'이다. 단속을 통해 저작권법 위반 혐의가 있는 사람들을 찾아내면, 그 다음에는 '고소팀'이 움직일 차례다. 똑같은 고소장에 이름 등 인적 사항만 바꿔서 경찰서로 가져간다. 경찰을 자기네 신규 사업에 십분 활용하는 팀이다. 확실히 경찰을 통하면 효과가 있다. 상대가 위축되기 때문이다. 이때 나서는 것은 '합의팀'이다. 내려받기의 경우에는 아예 공식적인 합의 가격이 정해져 있다. 미성년자는 60만 원, 대학생은 80만 원, 성인은 100만 원. 돈을 가져오거나, 입금을 하면 합의서 한 장 써 주고 사건을 종결한다.

이런 방식으로 법무법인에게 피해를 입은 사람들의 숫자는 어마어마하다. 피해자들이 모인 한 인터넷 카페의 회원만 2만 명이 될 정도다. 변호사들 입장에 한 건은 겨우 60만 원에서 100만 원 정도의 수익을 보장하지만, 이게 곱하기 몇 만 명으로 갈 때는 그야말로 천문학적인 액수가 된다. 새로운 사업을 위해서 큰 돈을 들일 필요도 없다. 사무실에 책상과 의자, 컴퓨터만 갖춰 놓고, 인력은 아르바이트로 충당하면 된다. 종이 한두 장 오가고 전화 한두 통 오가면 100만 원 버는 일은 식은 죽 먹기다.

인터넷 공간의 내려받기만이 이들의 표적은 아니다. 피씨방, 피씨 수리 업체 등도 이들의 좋은 먹잇감이다. 피씨 수리를 의뢰하면서, 프로그램은 서비스로 깔아 달라고 운을 뗀다. 그러면 거의 대부분의 업체들은 고객의 요구를 거절하지 못하고 깔아 주는데, 바로 이때 곧바로 저작권법 위반 혐의를 씌운다.

이렇게 해서 번 돈을 해당 저작권을 갖고 있는 업체나 개인에게 넘겨주는 것도 아니다. 일부를 넘겨주기도 하지만, 대부분은 온전히 법무법인의 차지다. 원래는 한 법무법인이 시작했는데, 수익이 좋다는 소문이 나자 대형 법무법인들이 너도나도 끼어들었다. 해먹는 사람이 늘어나니 당연히 피해자도 늘고 있다.

억울한 피해자가 늘자, 서울 동대문경찰서는 법무법인과 변호사에 대한 수사를 진행했다. 유명 소프트웨어 업체의 고문 변호사인 K씨(T 법무법인 대표)가 브로커를 통해 피씨 매장들에게 업체의 소프트웨어를 불법 복제해 설치하도록 하고는, 합의금을 주지 않으면 고소하겠다고 협박해서 11억 원(밝혀진 액수만!)을 챙겼다는 것이 경찰 수사를 통해 드러난 일단이었다. 동네마다 있는 피씨 수리 업체들이 대개는 영세한 상점들일 터인데, 돈 많고 힘 센 변호사들이 이들을 등쳐먹고 있는 것이다. 세상에! 이렇게도 비열한 인간들이 또 있을까.

그런데 법무법인에 대한 압수 수색 영장은 검찰 단계에서 계속 기각되었다. 법무법인의 대표는 부장검사 출신으로 종종 언론에 출연해 검찰에 대해 우호적인 발언을 자주하는 사람이었다. 확인된 피해 업체가

300개가 넘는데도, 수사는 1년이 넘도록 제자리를 맴돌고 있다.

저작권법을 악용해 어린 청소년들과 서민들을 공갈·협박하고 금품을 빼앗는 일이 매일처럼 되풀이되는 까닭이 여기에 있다. 법을 잘 아는 변호사들이 서민의 피눈물을 빼는 범죄 행위를 '블루오션'이라며 계속할 수 있는 이유는 무엇일까. 역시 돈을 많이 버는 변호사들의 뒷배는 든든한가 보다.